KOMMUNIKATION

à la carte

Überzeugen Sie mit Charme &

Sie sind unwiderstehlich

I0474475

BIRGIT **GATTER**

ISBN: 978-1511466363

©2015 Mag. Birgit Gatter
www.birgitgatter.com
Gumpoldskirchnerstraße 14/H4
2340 Mödling

©Illustrationen Eveline Dröge www.eveline-droege.de
Cover, Lektorat und Satz Tom Oberbichler und Chris
Pape www.be-wonderful.at

Widmung

Für Lilli und Samuel, die jeden Tag zu etwas Besonderem machen

Inhalt

Danke

Ein herzliches Dankeschön an alle meine Teilnehmerinnen und Teilnehmer, die ich in den letzten Jahren in Trainings und Coachings begleiten durfte. Ihnen verdanke ich meinen großen Erfahrungsschatz und die vielen Beispiele. Durch das gemeinsame Arbeiten an Lösungen konnte ich mich ständig weiterentwickeln und viele Betrachtungsweisen kennenlernen.

Eveline Dröge will ich ganz besonders danken, ihre wunderbaren Zeichnungen machen das Buch erst zu dem, was es ist. Es sind genau die Art von Illustrationen, die ich mir gewünscht habe. Zusätzlich waren die Gespräche mit ihr stets motivierend.

Chris Pape und Tom Oberbichler, meinen wunderbaren Lektoren, gebührt ebenfalls ein riesengroßes Dankeschön. Die Art der Zusammenarbeit hat mich zutiefst berührt, ich habe bei beiden gespürt, mit wie viel Liebe sie sich meinem Buch gewidmet haben. Sie sind auf jeden Fall Patentante und -onkel meines Erstlings.

Ganz besonders bedanke ich mich bei Lilli und Samuel, die mir allein durch ihr Sein Tag für Tag so viel Freude und Kraft schenken. Ich erinnere mich an einen Samstagabend, Lilli fragte mich, wie viel ich an diesem Tag schon geschrieben hatte. Es waren erst 500 Wörter und ich hatte mir gedacht, das ist ok, es ist Wochenende. Da sagte sie zu mir, das schaffst du noch. Sie setzte sich mit ihrem Computer zu mir und begann neben mir eine Geschichte zu schreiben. Es war ein tolles Gefühl, als ich mein Tagespensum erfüllt hatte.

Wie kam es zu diesem Buch?

In den letzten Jahren begegneten mir in meinen Seminaren und Coachings viele Teilnehmerinnen und Teilnehmer, die eines gemeinsam hatten: Sie waren beruflich erfolgreich, doch noch nicht dort, wo sie sein wollten und aufgrund ihres Wissens und ihrer Erfahrung sein konnten.

Was hinderte sie daran? Es war ihre Art zu kommunizieren.

Oft waren nur kleine Korrekturen notwendig, um sie an ihr Ziel zu bringen.

Da die Anforderungen der Menschen so unterschiedlich sind, entstand das Konzept „**Kommunikation à la carte**", ein Online-Kommunikations-Kurs. Und als Vorbereitung zum Online-Kommunikations-Kurs ist dieses Buch entstanden.

Die Idee dazu kam mir auf meiner Fahrt zu einem Seminar in Trier Ende Oktober 2014. Auf dem Flug von Wien nach Frankfurt schrieb ich gerade einen Blogartikel, da kam mir der Einfall ein Buch über einen Online-Kommunikationskurs zu schreiben. Bei diesem Kurs wählt die Teilnehmerin (und natürlich auch der Teilnehmer), welche Module sie absolvieren will, was ihr in dem Moment am meisten bei der eigenen Entwicklung weiterhilft, das kann der Umgang mit Reklamationen sein, ein Mitarbeitergespräch oder eine Gehaltsverhandlung …, um ein paar Beispiele zu nennen. Eine Vielfalt an Themen entsprechend meiner Erfahrung mit den Fragen meiner Teilnehmer/innen.

Sobald ich an diesem Abend in Trier ankam, kontaktierte ich Tom Oberbichler, um ihn zu fragen, ob das ein Projekt ist, das für ihn als Lektor interessant ist und Eveline Dröge, um sie für die Zeichnungen zu gewinnen. Ich erhielt von beiden innerhalb von nur 1 Stunde eine Zusage.

Gleich nach meiner Rückkehr aus Trier, begann ich höchstmotiviert mit dem Schreiben. Ich hatte geplant täglich 1.100 Wörter zu schreiben. So war das erste Manuskript dieses Buches bereits nach 1 Monat fertig.

Das Buch erzählt eine Geschichte und regt Sie, liebe Leser/in, gleichzeitig durch direkt an Sie gestellte Fragen zum Nachdenken und Mitmachen an, es dient auch in weiterer Folge als Nachschlagewerk, falls Sie eine der beschriebenen Situationen vor sich haben und Sie sich gerne Tipps holen wollen.

Ich gebe Ihnen eine „Bedienungsanleitung" zum Kurs und das Buch ist entsprechend aufgebaut. Sie begleiten 4 Menschen während der ersten 6 Wochen des Online-Kurses „Kommunikation à la carte".

Der Ablauf des Online-Kurses sieht so aus:

- Ein Strategiegespräch zum Einstieg, um die Themen gemeinsam mit der Teilnehmerin festzulegen.

- Die Teilnehmerin erhält einmal pro Woche ein Video mit Input zu ihrem Wochenthema plus Arbeitsunterlagen zum Ausfüllen und Üben sowie Checklisten und Anleitungen.

- Es gibt eine geschlossene Facebook-Gruppe zum Austausch unter den Teilnehmern. Sie dient auch dazu, dass Fragen gestellt werden können, die ich beantworte.

- Die Teilnehmerinnen werden dazu angeregt kleine Lerngruppen zum Erfahrungsaustausch und zur gegenseitigen Motivation zu bilden. In so einer Lerngruppe treffen sich Claudia, Sabine, Max und Stefan, von denen dieses Buch handelt.

- 1-2 mal pro Monat findet ein Live-Chat/Webinar der Gesamtgruppe mit mir statt. In diesem gibt es noch einmal die Möglichkeit mir Fragen zu stellen und wir besprechen allgemeine Themen. Daran können alle Absolventen bis zu einem Jahr nach Abschluss ihres Kurses teilnehmen.

Das Programm hat 3 Grundsäulen: Beständige Freundlichkeit, Charme und „In der Ruhe liegt die Kraft".

Beständige Freundlichkeit hat für mich mit der persönlichen Grundeinstellung zu tun, die ich anderen Menschen gegenüber habe. Den Hauptvorteil der beständigen Freundlichkeit sehe ich darin, dass es mir selbst besser geht und ich leichter ans Ziel komme. Ich habe den Leitsatz: „Gegen beständige Freundlichkeit ist niemand immun".

Dieses Thema löst in meinen Seminaren immer wieder Diskussionen aus, nach dem Motto „Warum immer ich? Warum muss ich freundlich bleiben, wenn es der andere nicht ist?"

Zuallererst, niemand muss, es ist ein Tipp von mir. Reagiere ich unfreundlich, macht das etwas mit meiner

Stimmung und die schlechte Stimmung zwischen mir und meinem Gesprächspartner wird verstärkt. Da ist meine Frage: Wollen Sie das wirklich? Wie geht es Ihnen, wenn die Situation eskaliert? Wie viel besser geht es Ihnen, wenn es Ihnen gelingt freundlich zu bleiben und Sie merken, dass Ihre Freundlichkeit zu einem positiven Gesprächsergebnis führt?

Ein weiterer Vorteil für mich ist, Sie machen sich unangreifbar, Freundlichkeit wird Ihnen niemand vorwerfen.

Freundlichkeit bedeutet niemals klein beizugeben. Ich bleibe bei meinem Standpunkt, denken Sie dabei an folgenden Satz „Hart in der Sache, weich zum Menschen". Ich vertrete die Sichtweise, dass Freundlichkeit viel mehr mit Stärke und Souveränität zu tun hat.

Wenn Ihr Ziel ein charmanter und unwiderstehlicher Gesprächsstil ist, dann funktioniert das nur über den Weg der Freundlichkeit.

Charme: Was genau ist Charme? Bei dem Versuch Charme zu definieren, fand ich folgende Zitate. Sophia Loren: „Charme ist der unsichtbare Teil der Schönheit, ohne den niemand wirklich schön sein kann."

Albert Camus: „Charme ist die Kunst als Antwort ein JA zu bekommen, ohne etwas gefragt zu haben."

Charme ist für mich augenzwinkernde Liebenswürdigkeit, die dem, der sie beherrscht, viele Vorteile bringt. Es ist schwer einem wirklich charmanten Menschen eine Bitte abzuschlagen oder böse zu sein. Für mich ist Charme die Geheimzutat, die ich benötige, wenn ich Menschen Dinge sage, von denen ich vermute, dass sie ihnen nicht gefallen werden, sei es Kritik, sei es ein Arbeitsauftrag und auch wenn ich jemanden Grenzen aufzeigen und gleichzeitig ein positives Gesprächsklima aufrechterhalten will.

Charme ebnet Ihnen den Weg in die Herzen Ihrer Gesprächspartner. Er schafft es, dass Sie schnell einen guten Draht zu anderen Menschen aufbauen, in positiver Erinnerung bleiben und ein(e) gern gesehene(r) Gesprächspartner(in) sind.

„In der Ruhe liegt die Kraft": Wenn ich von Ruhe spreche, meine ich einen entspannten Zugang. Sie werden in diesem Buch das „Eierschädl-Modell" kennenlernen, das auf sehr anschauliche Weise zeigt, dass, wenn Sie den entspannten Zustand verlassen und Gefühle wie Wut, Ärger, Zorn überwiegen, der Verstand zurückgedrängt wird. Das macht es schwierig, die richtigen Worte zu finden und souverän zu agieren.

Mit Gelassenheit und Ruhe tun Sie sich selbst etwas Gutes, denn wenn Sie in stetiger Aufregung und Anspannung sind, schaden Sie Ihrer Gesundheit.

Ein weiterer Vorteil ist, dass Sie diese Entspannung/ Ruhe auch ausstrahlen und das überträgt sich auf Ihre Gesprächspartner. Sie fassen schneller Vertrauen zu Ihnen und fühlen sich insgesamt wohler, weil besser aufgehoben. So gelingt es Ihnen für andere der „Fels in der Brandung" zu sein und ihnen Orientierung zu geben, die Grundvoraussetzung, dass Sie andere für Ihre Ideen begeistern.

Lernen Sie Sabine, Claudia, Stefan und Max kennen, 4 Teilnehmer eines Online-Kommunikations-Kurses, die gemeinsam eine Lerngruppe bilden. Begleiten Sie

sie, gemeinsam mit Viktoria, der Kursleiterin, bei ihren Herausforderungen in der Kommunikation, die sie mit Unterstützung wunderbar meistern. Diese 4 stehen stellvertretend für hunderte von Menschen, die ich in den vergangenen Jahren zu einer charmanten und wirksamen Kommunikation begleiten durfte.

Viktoria, die Kursleiterin, die ihre Teilnehmer/innen mit viel Feingefühl, Freude und Motivation begleitet. Sie beantwortet ihre Fragen und ist sehr bemüht auf Wünsche einzugehen.

Sabine, die das schon längst fällige Gespräch, in dem es um ihre Gehaltserhöhung und eine Beförderung gehen soll, vor sich herschiebt, weil es ihr unangenehm ist etwas zu fordern und obwohl ihr ihre Arbeit Spaß macht, immer unzufriedener wird. Ein weiteres Thema, mit dem sie kämpft, ist anderen eine Bitte abzuschlagen, lieber macht sie Überstunden und arbeitet bis zur Erschöpfung. Erfahren Sie mit ihr wie Nein-Sagen den Respekt, den uns andere entgegenbringen, verstärkt.

Claudia, die ohne zu überlegen und sehr emotional reagiert, was weder bei der Kundenreklamation noch beim Gespräch mit ihrer Mitarbeiterin hilfreich ist. Lesen Sie, wie es ihr gelingt Ruhe zu bewahren und wie positiv sich das auf ihre Gesprächsergebnisse auswirkt.

Bilden Sie sich schnell einen ersten Eindruck und dann ab in die Schublade? Erfahren Sie gemeinsam mit Claudia, aus welchem Grund Sie Ihren Gesprächspartnern in Zukunft zumindest eine 2. Chance geben sollten. Wie geht es Ihnen mit Small Talk? Wie schaffen Sie den Einstieg? Und wie kommen Sie zum Business

Talk, damit der neue Kontakt Interesse an Ihrem Produkt/Dienstleistung aufbauen kann?

Stefan, der endlich erkennt, aus welchem Grund seine Kunden in der Vergangenheit sich zwar gerne von ihm beraten ließen, doch woanders gekauft haben. Er steht auch vor der Herausforderung, dass es ihm gelingen muss seine Kollegen bei seinen Präsentationen trotz „trockenen Inhalts" zum Zuhören zu gewinnen. Das wird ihm noch zusätzlich durch einen lieben Kollegen schwer gemacht, der andere gerne mit sogenannten „Killerphrasen" unterbricht wie „Das haben wir alles schon probiert, das hat noch nie funktioniert." Als Stefan ein paar Dinge ändert, wird er für seine Präsentationen gelobt und sogar um Tipps gebeten und der Kollege wird zum „Unterstützer".

Ein weiteres Thema, das für Stefan eine große Rolle spielt, ist möglichst schnell einen guten Draht zu seinen Gesprächspartnern aufzubauen.

Max verunsichert seine Gesprächspartner oft durch sein forsches Auftreten. Sehen Sie, wie es ihm gelingt, seinen ersten Eindruck so zu designen, dass er gut ankommt und gleichzeitig authentisch bleibt. Er ist in der Vorbereitung akribisch und trägt viele wertvolle Informationen zusammen, neu für ihn ist, dass er seinen Gesprächspartnern trotzdem zuhört, damit sie merken, dass er sich für sie interessiert. Während des Kurses lernt er auch viel über Neukundengespräche und wie er so manche Falle in Zukunft vermeiden kann.

Damit kennen Sie schon einige der Themen, denen Sie in diesem Buch begegnen werden und für die Sie Lösungsmöglichkeiten erhalten.

Sie werden erkennen, dass es so wie oben geschrieben, oft nur einer kleinen Änderung bedarf, um ein anderes, besseres Ergebnis zu erzielen. So kann es zum Beispiel die Einstellung zu sich oder zu den Gesprächspartnern sein oder unglücklich gewählte Formulierungen oder was auch häufig vorkommt, dass das, was ich ausstrahle, meinen Worten widerspricht. Die Körpersprache ist das, was von unserem Gegenüber am stärksten wahrgenommen wird.

Wie intensiv Sie das Buch nutzen, entscheiden Sie.

Sie haben 2 Möglichkeiten:

1) Sie lesen das Buch: Mit diesem Buch halten Sie ein Fachbuch in Händen mit vielen Tipps und Anregungen für eine gewinnende Kommunikation. Sie werden viele Situationen wie ein Neukundengespräch, eine Gehaltsverhandlung oder den Einstieg bei Netzwerkveranstaltungen, … darin finden, erzählt von unseren 4 Teilnehmern.

Am Ende jedes Kapitels erhalten Sie entweder meine Expertentipps als Kommunikationstrainerin, gekennzeichnet durch „So funktioniert's" oder die Tipps kommen von Viktoria, der Kursleiterin.

2) Damit Sie für sich den größten Nutzen daraus haben, lade ich Sie ein, das Buch zusätzlich als Arbeitsbuch zu nutzen. Dazu haben Sie bei jedem Kapitel einen Arbeitsteil, wo Sie konkrete Fragen und Übungen finden. Am besten Sie machen gleich mit.

Begleiten Sie Claudia, Sabine, Stefan und Max, auf deren Weg zur erfolgreichen Kommunikation und nehmen Sie die Dinge für sich mit, die Ihnen auf Ihrem

Weg in eine charmante, unwiderstehliche Kommunikation weiterhelfen.

Alles Liebe

Birgit Gatter

PS: Sämtliche Personen dieses Buches sind frei erfunden. Sie spiegeln die Erfahrungen aus meiner 20-jährigen Laufbahn als Trainerin und Coach wider.

Der Kurs beginnt

Bevor wir starten, stellen sich unsere 4 Protagonisten vor.

Sabine:

Mein Name ist Sabine, ich bin 43 Jahre alt. Ich arbeite bereits seit 18 Jahren in der gleichen Firma, unterbrochen von 2 Kinderpausen. Wir sind im pharmazeutischen Bereich tätig. Ich bin Teamassistentin und habe seit 3 Jahren das Gefühl, dass ich feststecke. Am Anfang war es für mich ok, dass ich nicht mehr Verantwortung übertragen bekam, da meine Kinder noch klein waren, doch jetzt sind sie 12 und 14 Jahre alt und ich brauche eine Veränderung. Das ist auch der Hauptgrund, weshalb ich mich zu diesem Kurs angemeldet habe, ich bin bereits die letzten Jahre unzufrieden, mit meinem Gehalt und meiner Position, doch bis jetzt habe ich mich immer vor einem Gespräch gedrückt. Nur so kann es nicht mehr weitergehen.

Zusätzlich erhoffe ich mir von dem Kurs, dass ich endlich lerne „Nein" zu sagen, denn sowohl beruflich als auch privat habe ich immer mehr das Gefühl, dass meine Gutmütigkeit ausgenützt wird und ich will das so nicht mehr.

Claudia:

Ich bin Claudia, ich bin 38 Jahre alt und habe mir vor 3 Jahren den Traum einer eigenen Firma verwirklicht und zwar im Bereich Telefonmarketing. Es macht großen Spaß. Was ich ein bisschen unterschätzt habe, ist die Verantwortung, die ich sowohl unseren Kunden als auch meinen Mitarbeitern gegenüber habe. Da kann es mir dann schon das eine oder andere Mal passieren, dass die Emotionen mit mir durchgehen, was mir danach immer sehr leid tut, außerdem ärgere ich mich über mich selbst, warum es mir nicht gelingt hier gelassener und souveräner zu bleiben.

Ein weiterer Grund, weshalb ich mich für diesen Kurs entschieden habe, ist, dass ich mir so schwer tue bei Veranstaltungen mit Menschen ins Gespräch zu kommen. Das ganze Thema Small Talk interessiert mich sehr, denn das ist für mich zur Kundengewinnung sehr wichtig.

Stefan:

Mein Name ist Stefan, 36 Jahre alt, ich bin im Verkauf für elektronische Verbindungsteile tätig. Zusätzlich habe ich das Verkaufscontrolling über, das heißt, an mir ist es bei unseren Abteilungsmeetings die Zahlen zu präsentieren. Und das ist schon der Hauptgrund, weshalb ich diesen Kurs mache, ich will, dass meine Kollegen mir zuhören und mich nicht mit Statements, wie „Das haben wir alles schon probiert, das funktioniert nicht", unterbrechen. Wo ich noch Unterstützung brauche, ist, dass meine Kunden mich alle mögen, mich auch als Berater sehen, doch kaufen tun sie woanders und ich weiß nicht warum.

Ein paar Tipps erhoffe ich mir auch zum Thema „Wie ich schnell einen guten Draht zu meinen Gesprächspartnern aufbaue." Insgesamt bin ich sehr neugierig, uns Technikern wird ja immer nachgesagt, dass wir es nicht so mit der Kommunikation haben und wenn auch noch etwas dabei ist, um leichter jemanden kennen zu lernen, wäre das fein.

Max:

Ich bin der Max, ich bin 32 Jahre alt, ich habe mich gleich nach der Uni im Bereich IT-Dienstleistungen selbständig gemacht. Manchmal habe ich den Eindruck, ich bin meinen Gesprächspartnern zu viel, ich weiß nicht, ob ihr wisst was ich meine, so als ob ich sie verschrecke. Ich gebe mir auch immer sehr viel Mühe, dass ich möglichst viel über meine Gesprächspartner im Vorfeld in Erfahrung bringe, doch ich habe das Gefühl, mein Wissen kommt nicht bei jedem gut an. Für Neukundengespräche erwarte ich mir auch ein paar Inputs in diesem Kurs.

Menü

- Echtes Zuhören als Ausdruck der Wertschätzung/Interesse gewinnen durch Interesse zeigen

- Netzwerkveranstaltungen für den eigenen Erfolg nützen

- Die Gehaltsverhandlung – Klar haben Sie mehr verdient

- Was hat ein Elefant mit unserer Fähigkeit vor Gruppen zu sprechen zu tun? Trennen Sie sich von blockierenden Glaubenssätzen – Schaffen Sie unterstützende

- Leichter Umgang mit Reklamationen und „schwierigen" Gesprächssituationen (und wie das Eierschädl-Modell dabei hilft)

- Ruhe bewahren – In der Ruhe liegt die Kraft

- Gegen beständige Freundlichkeit ist niemand immun – Bringen Sie Sonnenschein ins Leben

- Achtung Killerphrasen – Entschärfen und für sich nutzen

- Neukundengespräch – Lassen Sie sich nicht überrumpeln

- Mitarbeitergespräch mit Anlassfall – Bleiben Sie Herr der Lage

- Sagen Sie Ihre Meinung – Sozial kompatibel

- Ihr Auftritt – Designen Sie den Eindruck, den Sie hinterlassen wollen

- Schluss mit dem Schubladisieren – Geben Sie Ihrem Gesprächspartner eine 2. (und wenn nötig auch 3.) Chance

- Sagen Sie „Nein" und gewinnen Sie den Respekt der anderen

- Sie wollen, dass Ihnen zugehört wird – Dann tun Sie etwas dafür

- Der gute Draht – Kommen Sie schnell auf die gleiche Welle mit Ihren Gesprächspartnern

- Das Wie und Wann des motivierenden Lobens

- Vom Small Talk zum Business Talk – Verwandeln Sie Ihre Kontakte in Interessenten

Woche 1: Donnerstag

Sabine bereitet sich auf den ersten Termin mit ihrer Kleingruppe vor.

Vorfreude mischt sich mit Aufregung, heute findet das erste „Treffen" meiner Lerngruppe aus dem Kommunikationskurs statt. Treffen ist vielleicht nicht ganz das richtige Wort, denn wir haben einen Gruppen-Call auf Skype. Eine tolle Möglichkeit, denn so können wir uns nicht nur hören, sondern auch sehen, was ich in diesem Fall als angenehm empfinde. Auf Facebook habe ich schon ein bisschen in den Profilen herumgestöbert, wirken alle 3 sehr nett. Ich bin schon neugierig, was die anderen erzählen, was bei ihrem Strategiegespräch herausgekommen ist. Bei mir ist es vor allem der Umgang mit schwierigen Gesprächspartnern, andere für meine

Ideen gewinnen und ich wäre auch gerne ein bisschen schlagfertiger.

18h55: Jetzt geht´s gleich los. Eingewählt, fein Stefan und Claudia sind schon da, fehlt nur mehr Max. Gleich nachdem wir uns begrüßt haben und eine kurze Pause entstanden ist, weil keiner so recht weiß, wie es weitergehen soll, ist auch Max in der Leitung. Er hat eine sehr selbstbewusste Stimme und übernimmt auch gleich die Führung. Er schlägt vor, dass wir uns alle kurz vorstellen und erzählen, aus welchem Grund wir den Kommunikationskurs machen und was unsere Hauptthemen sind und dann, wieder einmal typisch „Ladies first".

Gott sei Dank beginnt Claudia gleich zu reden.

Claudia: »Ich habe jetzt bereits seit 3 Jahren eine Telefonmarketing-Firma, es läuft auch ganz gut. In letzter Zeit habe ich gemerkt, dass es mir immer schwerer fällt entspannt zu bleiben, sowohl meinen Mitarbeitern gegenüber als auch bei Kundenreklamationen. Ich nehme mir immer alles sehr zu Herzen und reagiere dann manchmal ein bisschen emotional. Als ich dann von diesem Online-Kurs gelesen habe, habe ich mir gedacht, das muss ich ausprobieren und jetzt freue ich mich schon sehr darauf. Das Strategiegespräch war schon einmal sehr gut, es ist mir dabei schon einiges klarer geworden.«

Sabine: »Ok, dann mach ich gleich weiter. Ich bin angestellt. Mein Traum war es immer Führungskraft zu werden, doch irgendwie stecke ich jetzt schon ein paar Jahre fest. Ich erledige immer „brav" meine Arbeit, mein Chef lobt mich auch immer wieder und ich habe mir gedacht, er wird den Punkt Weiterentwicklung ansprechen. Nur darauf warte ich jetzt schon mindestens

2 Jahre und allmählich bin ich frustriert. Auch mein Gehalt ist weit davon entfernt, wo ich es gerne hätte. Mittlerweile überlege ich mir, ob ich mich nicht besser nach einem neuen Job umschaue. Ein zweites Riesenthema ist für mich das „Nein"-Sagen. Wann immer jemand mich um etwas bittet, tue ich´s - zwar nicht immer gerne, aber sehr verlässlich. Mir wird das schön langsam zu viel. Ich bin schon sehr gespannt, was mir der Kurs bringt, ich habe mir gedacht, einen Versuch ist es wert.«

Stefan: »Das kann ich gut verstehen, ich weiß derzeit auch nicht weiter. Die Kunden kommen gerne zu mir, wir plaudern immer sehr nett, sie bedanken sich auch für die kompetente Beratung, doch dann kaufen sie nicht bei mir.

Und mit den Kollegen habe ich auch so meine Schwierigkeiten. Oft habe ich das Gefühl, dass sie mir gar nicht zuhören bzw. kommen dann oft so total unnötige Meldungen und ich weiß nicht, wie ich damit umgehen soll. Mir hat ein guter Freund das Programm empfohlen, der hat es letztes Jahr gemacht und ich muss sagen, bei ihm hat sich einiges verändert. Deshalb habe ich mir gedacht, die Hoffnung stirbt zuletzt, vielleicht bringt es mich auch weiter.«

Max: »Ich bin so wie Claudia selbständig. Manchmal habe ich das Gefühl, ich bin den Leuten zu viel. Ich weiß nicht, ob ihr wisst, was ich meine. Ich versuche immer auf andere einzugehen, doch oft habe ich das Gefühl, dass ich die Menschen mit meinem Auftreten verschrecke. Ich bin echt schon neugierig, was hier auf mich zukommt, ich lass mich einfach überraschen, ich habe mich ganz spontan, in letzter Minute entschieden, mitzumachen.«

Aufgabe 1: Zuhören/Netzwerken

Nehmen Sie sich kurz Zeit und beantworten Sie folgende Frage, am besten schriftlich:

Was hat Max aus Ihrer Sicht gut gemacht?

Was waren seine schlimmsten Fehler?

Was empfehlen Sie ihm?

***

So funktioniert's: Netzwerken

- Es heißt ja „Vorbereitung ist die halbe Miete" und das trifft auch bei Netzwerkveranstaltungen zu 100% zu. Wann immer Sie im Vorfeld einer Veranstaltung die Gästeliste bekommen können, nutzen Sie das.

- Suchen Sie sich Personen aus, die Sie gerne kennenlernen wollen, googeln Sie diese Personen und machen Sie sich Notizen. Können Sie neben dem beruflichen auch etwas über private Interessen finden, wie z.B. ich habe einen Kunden, der trainiert eine Jugend-Fußballmannschaft oder ein anderer ist bei der Freiwilligen Feuerwehr ...

- Und dann überlegen Sie sich, welchen Nutzen kann diese spezielle Person von Ihrem Produkt/Ihrer Dienstleistung haben. Legen Sie sich einen „Elevator Pitch" zurecht. Ein „Elevator Pitch" ist eine Kurzvorstellung, die sich in einer Aufzugsfahrt ausgeht, Sie haben also maximal 1-2 Minuten Zeit, sich so zu präsentieren, dass Sie das Interesse Ihres Gesprächspartners wecken. Hier mein Tipp: Schauen Sie, dass Sie einen allgemein gültigen haben für Personen, über die Sie nichts wissen und dann noch ein paar „zielperson-angepasste".

- Der allgemeine lautet bei mir: Ich bin Botschafterin für eine charmante und unwiderstehliche Kommunikation und unterstütze erfolgreiche Menschen, ihre ganz persönliche Art der Kommunikation zu finden, damit sie ihre Ziele schneller und mit mehr Freude und Leichtigkeit erreichen.

- Erzählt mir jemand im Vorfeld z.B., dass er mit einzelnen Personen immer wieder Schwierigkeiten hat, dann hört er Folgendes:

- Ich unterstütze meine Kunden dabei sich selbst und

ihren Gesprächspartner besser zu verstehen und zu erkennen, aus welchem Grund die Kommunikation so schlecht läuft. Mit diesem Wissen entwickeln wir Strategien, um auch den schwierigsten Gesprächspartner zu knacken.

• Lassen Sie Ihre Gesprächspartner wirken: Gespräche sind kein Wettkampf. Oft erlebe ich, dass jemand, der oder die etwas erzählt, oder besser gesagt, erzählen will, unterbrochen wird, denn einer der Gesprächspartner meint, dass er etwas viel Tolleres erlebt hat. Kürzlich habe ich das im Zusammenhang mit Flugturbulenzen erlebt. Wundern Sie sich nicht, wenn derjenige, den Sie unterbrochen haben, sich weder für Sie noch für Ihr Angebot interessiert. Es gibt einen Grundsatz -> Interesse erzeugen durch Interesse zeigen.

• Hören Sie zu: Hören Sie niemals nur halbherzig zu, während der andere spricht, weil Sie schon überlegen, was Sie als Nächstes sagen wollen. Viele Menschen, die sich mit Kommunikation beschäftigen, wissen, dass 93% der Unterhaltung unbewusst ablaufen und unser Unterbewusstes erkennt sofort, ob unser Gesprächspartner wirklich zuhört, oder nur so tut als ob.

• Auf Menschen zugehen: Werden Sie aktiv, oft finden Sie auch Bilder zu Ihren Wunsch-Gesprächspartner, nehmen Sie ruhig einen „Schummelzettel" mit und sprechen Sie die Menschen an.

• Interessieren Sie sich zuerst für Ihren Gesprächspartner, stellen Sie Fragen, hören Sie zu. Auch wenn Sie das Gefühl haben, dass Sie auf Grund Ihrer Recherche schon alles wissen. Das genaue Zuhören liefert Ihnen die Anknüpfungspunkte, wenn Sie später Ihre Dienstleistung/ihr Produkt vorstellen. Sie können dann genau den Bereich herausstreichen, wo Ihr Gesprächspartner einen Nutzen erkennen kann. Z.B.: Ich erlebe es sehr oft, dass sobald meine Gesprächspartner wissen, dass ich Trainings und Coachings im Kommunikationsbereich anbiete, sie mir ihre Probleme in diesem Bereich erzählen. Erst kürzlich habe ich eine Frau kennengelernt, die in einem technisch orientierten Betrieb die Leitung des Innendienstes über hat. Sie ist bis auf die Personalleiterin, die einzige weibliche Führungskraft. Sie arbeitet eng mit dem Vertriebsleiter und dem technischen Leiter zusammen. Sie hat bei beiden das Gefühl, dass sie an ihrer Kompetenz zweifeln und sie und ihre Abteilung als „minderwertig" ansehen.

• Genau das habe ich dann aufgegriffen, als sie genauer wissen wollte, was ich mache. Es war dann sehr einfach für mich, sie als Kundin zu gewinnen.

• Wenn Sie sprechen, halten Sie sich an den Grundsatz kurz-knapp-knackig. Ich habe schon sehr oft erlebt, dass ich mehr Interesse wachrufen kann, wenn ich meinen Gesprächsanteil kurz halte, dann wollen meine Gesprächspartner mehr wissen, die menschliche Neugierde ist geweckt.

***

Ermutigt durch Max' Erzählung meldet sich Sabine zu Wort.

Sabine:

»Wenn es um Hoppalas geht, habe ich auch eins und ihr werdet gleich erkennen, was mein erster Schwerpunkt ist.

Die Gehaltsverhandlung

Ich habe die letzten 3 Jahre keine Gehaltserhöhung bekommen und obwohl mir das Thema sehr unangenehm ist, wollte ich es endlich in Angriff nehmen. Auch meine Familie und Freunde drängten immer wieder darauf, ständig hörte ich: „Du lässt dich nur ausnutzen".

Also bat ich meinen Chef um einen Termin. Ich überlegte lange im Vorfeld, wie ich argumentieren würde, welche Leistungen ich erbracht hatte, ich wollte auch anführen, dass mein Chef immer betont, wie zufrieden er mit mir und meiner Arbeit ist.

Doch je näher der Gesprächstermin rückte, desto nervöser und unsicherer wurde ich. Meine innere Stimme wurde immer lauter, ich sagte mir Statements wie: So toll ist deine Arbeit auch wieder nicht; dein Chef empfindet es sicher als Unverschämtheit, dass du mehr Gehalt willst; du kannst froh sein, dass du so einen guten Job hast …

Dann kam der Termin und ich merkte schon, dass meine Hände schweißnass waren. Mein Chef war freundlich und gut gelaunt, so wie ich ihn kenne; als er mir einen Platz anbot, setzte ich mich an die äußerste Sesselkante. Ich erschrak selbst über meine Stimme, die sich extrem kratzig und piepsig anhörte. In meiner Aufregung brachte ich nur ein nervös gestammeltes: „Nach 3 Jahren dachte ich, dass ich mir eine Gehaltserhöhung verdient habe" heraus. Weg waren alle meine Argumente, die Anführung meiner Leistungen, mein Kopf war wie leer. Ich spürte, dass meine Hände zitterten und ich rot wurde. Am liebsten wäre ich einfach aufgesprungen und hinausgelaufen und hätte die ganze Sache vergessen.

Gott sei Dank gehört mein Chef zu den nettesten Menschen, die ich kenne. Er hat mir etwas zu Trinken geholt und mir damit ein bisschen Zeit gegeben, mich wieder zu sammeln. Es wurde dann noch ein gutes Gespräch und ich bekam auch eine Gehaltserhöhung. Mir war bewusst, dass ich das einzig und allein der Nettigkeit meines Chefs zu verdanken hatte. Das war für mich der Auslöser mich für diesen Kurs anzumelden, denn ich wusste, ich muss etwas ändern, wenn ich beruflich weiterkommen will. Habt ihr schon erraten, was mein erstes Schwerpunkt-Thema ist?«

Es kam wie aus einem Mund: »Deine Einstellung zu dir selbst und deine Wirkung auf andere.«

***

Aufgabe 2: Gehaltsverhandlung

Was hat Sabine hrer Meinung nach gut gemacht?

Was kann sie aus Ihrer Sicht verbessern?

Wie lauten Ihre konkreten Handlungsvorschläge für Sabine?

***

So funktioniert's: Gehaltsver-handlung

+ *Auch hier kommt der Vorbereitung eine große Bedeu-tung zu:*

- *Welche Leistungen haben Sie erbracht?*

- *Wofür haben Sie Lob geerntet?*

- *Welche der vereinbarten Ziele haben Sie erreicht?*

Überlegen Sie es sich nicht nur, schreiben Sie es auch auf,

+ *Ihre Einstellung: Sind Sie sicher, dass Sie eine Gehalts-erhöhung „verdienen"? Erst wenn Sie diese Frage mit voller Überzeugung mit „Ja" beantworten, dann vereinbaren Sie einen Termin.*

Wenn nicht, zurück zur Vorbereitung.

+ *Erstellen Sie einen „Leistungskatalog", in dem Sie alles festhalten, was Sie gut gemacht haben, denken Sie auch an Dinge, die für Sie vollkommen selbstverständlich sind, wie z.B., dass Sie immer alles termingerecht erledigen und wenn nötig immer bereit sind länger zu bleiben. Nur weil es für Sie normal ist, so zu handeln, heißt das noch lange nicht, dass es nichts Besonderes ist.*

+ *Auch bei Gehaltsverhandlungen, wo es um Sie geht, starten Sie nicht mit Ihrer Argumentation. **Fragen** Sie Ihren Vorgesetzten, wie er Ihre Leistung sieht, die Zusammenarbeit empfindet, ... (Sie können auch nach bestimmten Projekten oder auch Eigenschaften, wie z.B. Zuverlässigkeit, fragen. Damit können Sie das Gespräch in die von Ihnen gewünschte Richtung lenken. Deshalb: Über-legen Sie sich schon in der Vorbereitung die passenden Fragen) Oft liefert er dann bereits die Argumente, die Sie zu Ihrem Ziel führen.*

Falls Ihr Vorgesetzter auch Kritik äußert, bleiben Sie ruhig. Gehen Sie nicht in Verteidigung, sondern fragen Sie nach, was er genau meint und was er sich in Zukunft vorstellt/wünscht. Sobald Sie diesen Punkt besprochen haben, stellen Sie wieder eine Frage, am besten zu einem Thema, wo Sie wissen, dass Sie punkten.

+ Bereiten Sie sich unbedingt mental vor: Sobald Sie, wie in unserem Beispiel Sabine, merken, dass Sie bei dem Gedanken an den Termin nervös und unsicher werden, beginnen Sie mit einem kleinen Mentaltraining, das Ihr Unterbewusstes zu Ihrem Verbündeten macht.

Übung: Mentale Vorbereitung *(Auf www.birgitgatter. com finden Sie einen Link, denn diese Übung ist Teil 1 meines kostenlosen 3-teiligen Videokurses)*

Meine Coachees sind immer wieder überrascht über die Wirkung dieser Übung, wenn sie plötzlich ganz andere Gesprächsergebnisse erzielen. Oft sagen sie zu mir im Vorfeld „Ich habe eh schon alles probiert", dann lade ich sie ein, diese Übung zu machen und sich über die Ergebnisse zu freuen.

Wozu dient diese Übung?

Ihr Unterbewusstes kann Ihr größter Helfer sein. Es kann aber auch sein, dass es eine Programmierung hat, die in der Vergangenheit hilfreich war und jetzt ist sie es nicht mehr. Es liegt an Ihnen ihm etwas Neues zu lernen. Ein Beispiel: Viele Eltern sagen ihren Kindern, dass sie nicht mit Fremden reden sollen. Sie tun das, um ihre Kinder zu schützen. So lernt das Unterbewusste der Kinder über viele Jahre, dass mit Fremden sprechen etwas Schlechtes ist. Später im Berufsleben geht die/der mittlerweile Erwachsene mit dieser Programmierung zu einer Netzwerkveranstaltung. Sie/er ist dort, um neue Kontakte zu knüpfen und wundert sich, weshalb es ihr/ihm so schwer fällt, mit Unbekannten ins Gespräch zu kommen. Es ist Zeit dem Unterbewussten etwas Neues beizubringen. Diese Übung ist eine Möglichkeit, das zu tun. Sie geben Ihrem Unterbewussten die Information, wie Sie sich künftig bei Gehaltsverhandlungen (bzw. der von Ihnen gewählten Gesprächssituation) fühlen wollen. Gehen Sie immer wieder in diese Vorstellung, in dieses Gefühl und Sie werden überrascht sein, um wie viel besser es Ihnen bei Ihrer nächsten Gehaltsverhandlung gehen wird.

Am besten Sie probieren es gleich aus: Suchen Sie ein Gespräch aus, das für Sie wichtig ist. Vielleicht stehen Sie auch vor einer Gehaltsverhandlung, vielleicht ist ein Kundengespräch, die Aussprache mit einer Freundin oder eine Präsentation, … geplant.

Wenn Sie an dieses Gespräch denken, welche Gefühle kommen da hoch? Ist es Angst, wie Ihr Gesprächspartner reagieren wird? Unsicherheit, das bekannte „flaue Gefühl" im Magen, die Überlegung „Ist es unverschämt von mir, mehr Gehalt zu wollen"…?

Schreiben Sie einmal alle Gefühle auf, die Sie in diesem Zusammenhang haben. Legen Sie den Zettel auf den Boden und stellen sich drauf und dann gehen Sie genau in diese Situation mit allen negativen Gefühlen. Wenn Sie so richtig die zittrigen Hände, das Herzklopfen und leichte Übelkeit spüren, dann steigen Sie vom Zettel runter.

Jetzt überlegen Sie, wie Sie sich fühlen wollen. Das kann sein selbstsicher, souverän, locker, entspannt, humorvoll, überzeugend, kompetent …

Schreiben Sie es auf und stellen Sie sich auf diesen Zettel.
Wichtig ist, dass Sie jetzt wirklich in dieses positive Gefühl
gehen, stellen Sie sich vor, Sie sind gerade in der Gehaltsver-
handlung, sie fühlen sich selbstsicher, locker, souverän …

Genießen Sie dieses Gefühl …

***

Nachdem Stefan aufgelegt hat, macht er es sich auf seiner Couch gemütlich und reflektiert über das erste Treffen:

Was für eine Motivation, bisher habe ich immer gedacht, ich bin der König der Fettnäpfchen und mache immer alles falsch. Das Treffen war echt super und dass Max gleich so offen begonnen hat über seine Missgeschicke zu reden, als ob wir uns schon ewig kennen. Mir geht's echt viel besser und jetzt bin ich endgültig überzeugt, dass ich meine Ziele erreichen kann. Ich finde es fast schade, dass wir so weit voneinander entfernt wohnen, aber vielleicht passt's irgendwann einmal und wir treffen uns im „Real Life".

Ich nutze den Schwung und mache mich am besten gleich an meine erste Aufgabe. Da ist das Mail von Viktoria, Thema „Hinderliche Glaubenssätze". Ihr war sofort klar, dass ich meinen Erfolg beim Verkaufen selbst boykottiere, als ich ihr beim Strategiegespräch erzählt habe, dass meine Kunden wirklich gerne mit mir reden, immer eine gute Stimmung herrscht, aber dann kommt es doch nicht zum Abschluss. Es stimmt schon, dass ich irgendwie ein blödes Gefühl habe, wenn es in Richtung Verkauf geht, ich will ja nicht aufdringlich sein.

E-Mail:

Lieber Stefan,

vielen lieben Dank für dein Vertrauen und unser Gespräch.

Deine erste Aufgabe ist es dich mit dem Thema Glaubenssätze zu beschäftigen. Glaubenssätze sind Meinungen, die du über dich und andere hast. Viele davon entstehen in der Kindheit. Es sind Aussagen, die wir, meist ungefiltert von Eltern, Lehrern, ... unserem Umfeld übernehmen, ohne ihren Wahrheitsgehalt zu überprüfen. Es gibt positive Glaubenssätze, die dich unterstützen, wie z.b. „Wenn ich mir etwas vornehme, schaffe ich es auch", die sollen genau so bleiben und es gibt hinderliche Glaubenssätze, wie z.b. „Das schaffe ich nie", die, ohne dass es dir bewusst ist, gegen deinen Erfolg arbeiten. Diese gilt es zu finden und umzuwandeln.

Du findest im Anhang eine Geschichte und dann im Anschluss ein paar Fragen, die dich dabei unterstützen, deine hinderlichen Glaubenssätze aufzuspüren und sie durch neue, erfolgbringende zu ersetzen.

Ich wünsche dir viel Spaß beim Erforschen und Neuaufsetzen deines Mindset.

Bei Fragen schreibe mir entweder direkt, oder falls du auch von den anderen Teilnehmer eine Antwort willst, poste deine Fragen in unserer Facebook-Gruppe.

Alles Liebe

Viktoria

Anhang:

Was hat ein Elefant mit deinem Erfolg zu tun?

Ich will dir dazu eine Geschichte erzählen, die ich vor Jahren gelesen habe und die mich gleichermaßen fasziniert und zum Nachdenken gebracht hat.

Der Elefant ist sicher eines der stärksten Tiere, die heute leben. Wenn ein junger Elefant mit Ketten an einen fest verankerten Betonpfeiler angebunden wird, wird er am Anfang versuchen, sich zu befreien und wegzukommen. Mit dem richtigen Material gelingt ihm das nicht. Er wird es immer wieder probieren und schließlich aufgeben. Ab diesem Zeitpunkt reicht es diesen Elefanten mit einem ganz normalen Strick irgendwo anzubinden und er wird nicht einmal mehr den Versuch unternehmen sich zu befreien. Er hat für sich gelernt – und glaubt es deshalb auch – dass er keine Chance hat.

Was das mit dir zu tun hat? Nehmen wir einfach einmal als Beispiel das Thema „Verkaufen". Überlege dir, was du im Zusammenhang „Verkauf" erlebt und über dich „gelernt" hast. Welche Glaubenssätze du zu diesem Thema hast.

Ich will dir dazu meine Geschichte erzählen, dabei geht es um das Thema „vor Gruppen sprechen":

Ich war in meiner Kindheit und Jugend eher schüchtern und introvertiert. Dem jährlichen Deutsch-Referat habe ich immer mit einem flauen Gefühl im Magen entgegengesehen, denn vor der Klasse sprechen war für mich ein Albtraum. Bei meinem Referat in der 4. Klasse, ich war damals 13 Jahre alt, unterbrach mich meine Lehrerin mit den Worten: „Du kannst dich wieder setzen, es versteht dich sowieso keiner." Ich glaube, du kannst dir vorstellen, wie es mir in diesem Moment gegangen ist. Ich hatte Tränen in den Augen, einen dicken Kloß im Hals und mein Gesicht glühte vor Scham. Ab diesem Zeitpunkt war ich felsenfest überzeugt, dass ich zu leise und undeutlich spreche. Gefestigt wurde dieser Glaube noch durch eine Ärztin, die meinte, dass die Narbe meiner Mandeloperation schlecht verwachsen sei.

Auch die Entschuldigung meiner Deutschlehrerin nach der Matura, dass sie an diesem Tag erkältet war, deshalb schlecht gehört hat und auch so einfach schlecht drauf war, änderte für mich nichts mehr.

Erst ein Erlebnis, das ich mit 40 Jahren hatte, befreite mich von diesem Glaubenssatz. Ich war zu diesem Zeitpunkt bereits 12 Jahre Trainerin und gewöhnt mit Gruppen bis zu 16 Personen zu arbeiten. Nach anfänglichen Schwierigkeiten (ich war ja noch immer überzeugt, dass ich schwer zu verstehen bin) war das eine Gruppengröße, mit der ich mich wohlfühlte.

Dann kam das Trainermeeting im Jahr 2008. Ich sollte ein neues Projekt vor 100 Personen präsentieren. Sofort waren das Herzklopfen und das flaue Gefühl wieder da. Als ich die Info erhielt, dass ich mit Mikrofon präsentieren konnte, ging es mir gleich besser. Bis zu dem Moment, als ich zur Tonprobe kam und erfuhr, dass die Tonanlage ausgefallen war. Ich war den Tränen nahe, doch ich wusste, es gab kein Zurück. Ich bat 2 liebe Kollegen sich in die letzte Reihe zu setzen und mir Zeichen zu geben, falls sie mich nicht verstünden. Ich war wirklich sehr aufgeregt, doch als die Präsentation vorbei war und mir alle bestätigten, dass sie mich mühelos verstanden hatten, fiel mir nicht nur ein Stein vom Herzen, sondern ich war endlich den falschen Glaubenssatz los, dass ich schwer zu verstehen sei. Seither habe ich schon einige Vorträge gehalten und es macht mir wirklich viel Spaß.

Bei mir hat es 26 Jahre gedauert, diese Einschränkung loszuwerden. Damit dir diese Befreiung viel schneller gelingt, habe ich folgende Übung für dich.

Übung: Arbeit mit Glaubenssätzen

Diese Übung kannst du für jedes Thema anwenden, bei dem du merkst, dass du dich durch Überzeugungen selbst einschränkst.

1) Schreib dir deine einschränkenden Glaubenssätze, die du im Zusammenhang mit „Verkauf" hast, auf.

2) Überlege: Wer sagt das? Stimmt das? Stimmt das immer?

3) Falls du bei Punkt 2 zu dem Schluss kommst, ich habe es schon einmal so erlebt, doch es stimmt nicht immer, wird es Zeit, dich von dieser Einschränkung zu verabschieden.

4) Da es natürlich auch förderliche Glaubenssätze gibt, die dich in Zukunft beim Erreichen deiner Ziele unterstützen, überlege dir zum Schluss: Was willst du

im Zusammenhang mit „Verkauf" von dir denken und schreib dir deine neuen Glaubenssätze unbedingt auf.

Das könnten z.B. sein:

- Meine Kunden kaufen gerne bei mir, weil sie mir vertrauen.

- Kunden, die bei mir kaufen, erkennen einen klaren Nutzen für sich.

- Ich tue meinen Kunden etwas Gutes, wenn ich ihnen etwas verkaufe, nur so wird ihr Wunsch bzw. Bedarf erfüllt.

- ………………..

Finde eigene positive Glaubenssätze, die dich in Zukunft unterstützen werden und erinnere dich immer wieder an sie.

Viel Erfolg bei der Umsetzung!!!

Viktoria

Stefan:

Klingt einleuchtend, ich glaube, ich gehe eine Runde spazieren und denke über das Thema nach, dann kommen sicher die richtigen Gedanken und ich habe einen klaren Kopf, um die Übung gleich beim Zurückkommen zu machen.

***

Woche 2: Montag

Claudia hatte einen holprigen Start in die Woche.

Puh, was für ein Tag. Mir liegt noch immer das Telefonat mit dem einen Kunden im Magen. Er war so unfreundlich. Natürlich kann ich seinen Ärger verstehen, meine Mitarbeiterin hätte nicht einfach auflegen dürfen, nur so wie er mich angeschrien hat, kann ich verstehen, dass sie die Nerven weggeschmissen hat, wenn ihr Gespräch auch so verlaufen ist.

Ich glaube, ich schicke Viktoria eine Nachricht, ich würde wirklich gerne wissen, wie ich besser reagieren hätte können.

Betreff: Hilferuf

Liebe Viktoria,

ich hätte nicht gedacht, dass ich dein Angebot, dass wir uns bei dir melden können, falls wir Fragen haben, so schnell annehmen werde, doch mir geht's gerade echt schlecht. Heute ist eine Reklamation vollkommen eskaliert.

Folgendes ist passiert: Wir telefonieren gerade für einen Stammkunden. Es geht darum, dass wir dessen Kunden fragen, welche Geräte von „uns" (wir melden uns mit dem Firmennamen meines Kunden) sie bei sich stehen haben. Ich hatte heute einige Auswärtstermine und als ich gerade auf der Rückfahrt war, rief mich mein Kunde wutentbrannt an. Da er ins Telefon brüllte, dauerte es eine Zeit lang, bis ich überhaupt begriff, was los war. Eine meiner Mitarbeiterinnen hatte bei einem Telefonat einfach aufgelegt, weil ihr Gesprächspartner ihr nicht glauben wollte, dass sie wirklich für meinen Kunden arbeitet. Seine Firma ist ein Topkunde meines Kunden. Es sind ständig 3 Mitarbeiter meines Kunden vor Ort, die auch wissen sollten, welche Geräte sie haben. Ich gebe jetzt ehrlich zu, mein erster Gedanke war, warum steht so eine Firma überhaupt auf der Telefonliste? Und obwohl ich uns nur eine Teilschuld gab, entschuldigte ich mich und versprach auch den Gesprächspartner meiner Mitarbeiterin zu kontaktieren, um mich auch bei diesem zu entschuldigen. Die Stimmung blieb aber bis zum Ende des Telefonats eisig und da mir mein Kunde auseinandersetzte, welchen Verlust er hätte, falls ihm sein Kunde die Zusammenarbeit aufkündigte, bot ich an, für diesen Auftrag nichts zu verrechnen.

Jetzt sitze ich da und lasse die Situation nochmals Revue passieren, doch irgendwie werde ich das Gefühl nicht los, dass alles schief gelaufen ist.

Was hätte ich anders tun sollen?

Liebe Grüße

Claudia

***

Aufgabe 3: Reklamation

Bevor Sie weiterlesen, versetzen Sie sich zuerst in die Lage von Claudia, dann in die ihres Kunden und beantworten folgende Fragen:

Was raten Sie Claudia?

Was hat sie aus Ihrer Sicht gut gemacht?

Wo sehen Sie Verbesserungsmöglichkeiten?

***

Betreff: Re: Hilferuf

Liebe Claudia,

zunächst einmal vielen lieben Dank für dein Vertrauen.

Wenn ich mir das durchlese, sehe ich, dass du viel richtig gemacht hast.

Ein paar Fragen habe ich dazu:

Hast du deinen Kunden ausreden lassen?

Hast du ihm signalisiert, dass du seinen Ärger verstehst?

Ist es dir gelungen ruhig und entspannt zu bleiben?

Hast du mit deiner Mitarbeiterin gesprochen, bevor du angeboten hast auf die Bezahlung des gesamten Auftrags zu verzichten?

Bist du mit der Lösung zufrieden?

Ich will dir anhand eines Modells zeigen, was da abgelaufen ist:

Das Eierschädl-Modell

Du fragst dich vielleicht „Was ist ein Eierschädl?", ich erkläre es gleich.

Stell Dir den menschlichen Kopf vor (Querschnitt von oben), wenn er in Balance, d.h. ausgeglichen ist:

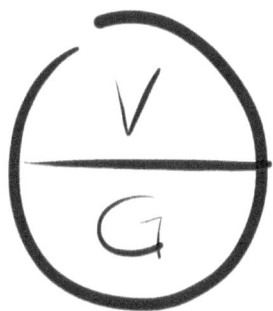

Ja, du hast richtig geraten: **V** steht für Verstand, **G** für Gefühl.

Stell dir jetzt vor, dein Kunde ist mit sich und der Welt zufrieden, Verstand und Gefühl sind ausgeglichen. Er ist mit seiner Entscheidung dich für die Kundenbefragung beauftragt zu haben sehr glücklich, hat schon erste Ergebnisse von dir erhalten und die sind genau so, wie er es sich wünscht – ihr arbeitet schon länger zusammen.

Da plötzlich läutet sein Telefon und er wird aus heiterem Himmel mit einer Beschwerde konfrontiert, der Kunde droht mit Kündigung des Wartungsvertrags. Zuerst kennt sich dein Kunde gar nicht aus, doch langsam wird ihm klar, was passiert ist, eine deiner Mitarbeiterinnen hat bei einem Telefonat mit einem seiner wichtigsten Kunden einfach aufgelegt. Er denkt kurz an das letzte Meeting mit seinem Vorgesetzten, wo der ihn darauf hingewiesen hat, dass es mit der Zielerreichung dieses Jahr knapp ist. Dein Kunde gerät in Panik und ruft dich an.

Wie, glaubst du, schaut der Querschnitt vom Kopf deines Kunden in diesem Moment aus?

Es ist nicht so, dass gar kein Verstand mehr da ist, doch das Gefühl dominiert eindeutig.

Dein Kunde ist im **„Eierschädl"-Modus**. (und er kann nicht einmal etwas dafür; das ist eine unwillkürliche Reaktion unseres Körpers, wenn wir Menschen uns ärgern, Stress empfinden oder erschrecken. Wir schütten Adrenalin aus, das in der richtigen Situation, wie z.B. im Straßenverkehr, wertvolle Dienste leistet.)

Was bewirkt Adrenalin in unserem Körper?

- Die Sinne werden geschärft; wir hören, sehen, riechen, … besser
- Muskelspannung erhöht sich
- Verdauung wird gestoppt
- Blutdruck gesteigert
- Reaktionsgeschwindigkeit erhöht
- **Denk-Hirn blockiert**

Du wirst vielleicht schon beim Autofahren Situationen erlebt haben, wie ein Fußgänger springt auf die Straße oder ein anderer Autofahrer bremst abrupt, wo genau die Blockade des Denk-Hirns dich vor einem Unfall bewahrt hat. Du hast einfach reagiert – rein instinktiv, denn wenn du überlegt hättest, wärst du zu langsam gewesen …

Jetzt weißt du, was in deinem Kunden gerade vorging, als er dich brüllend anrief.

Wie kannst du nun am besten damit umgehen, wenn du den Eindruck hast, dass sich dein Gesprächspartner wie ein „Eierschädl" verhält?

- Ausreden lassen und einfach nur zuhören.

- Jetzt braucht er wirkliches, ernstgemeintes Verständnis von dir (das heißt nicht, dass du ihm Recht gibst); reagiere am besten so, wie du auch bei einem Freund reagieren würdest, es soll wirklich vom Herzen kommen, oft reicht ein ehrliches „Um Gottes Willen", „Das klingt schlimm", …; dein Gesprächspartner braucht in dieser Situation einen Freund, jemand, der ihn versteht.

• Im Normalfall ist dein Gegenüber, wenn du die ersten beiden Punkte befolgt hast, schon etwas ruhiger; um zu einer Lösung zu kommen, brauchst du ein bisschen mehr von seinem Denk-Hirn. Dieses aktivierst du am einfachsten, indem du ihm 1-2 Fragen stellst. In unserem Beispiel kann das sein: Was ist Ihnen lieber, dass ich mit Herrn … Kontakt aufnehme, um mich zu entschuldigen, oder soll meine Mitarbeiterin ihn anrufen?

• Lösung: Viele Menschen neigen dazu, sehr schnell Zugeständnisse zu machen, um möglichst rasch der unangenehmen Situation zu entkommen und versprechen viel zu viel. Ich glaube, das ist auch in deinem Fall passiert. Vielleicht warst für einen Teil der Verärgerung deines Kunden gar nicht du bzw. deine Mitarbeiterin verantwortlich. Es könnte sein, dass er genauso wie du gedacht hat, warum dieser Top-Kunde überhaupt auf eurer Telefonliste war, es könnte sein, dass er sich über seinen Vorgesetzten geärgert hat, der immer so viel Druck erzeugt, es könnte sein, dass er einfach so einen schlechten Tag gehabt hat, Unstimmigkeiten zu Hause, mühsamer Kollege, ...

In deinem konkreten Fall empfehle ich, zuerst mit deiner Mitarbeiterin zu sprechen, wie sie den Vorfall sieht und dann in Ruhe zu überlegen, was du deinem Kunden anbieten kannst. Vielleicht hätte es eine Entschuldigung und eine gute Flasche Wein für seinen Kunden auch getan, das wäre sicher erheblich günstiger gekommen, als einen ganzen Auftrag nicht zu verrechnen ...

Ich hoffe, ich konnte dir mit meiner Antwort weiterhelfen. Wichtig ist jetzt einmal, dass du das Gespräch für dich analysierst, was hast du aus deiner Sicht gut gemacht, was willst du beim nächsten Mal anders machen und zwar ganz konkret wie.

Ich wünsche dir viel Erfolg dabei.

Alles Liebe

Viktoria

PS: Tipps, wie du selbst besser in einer entspannten Grundhaltung bleibst (und dich damit davor bewahrst selbst in den „Eierschädl-Modus" zu geraten), stehen nächste Woche bei dir am Programm.

***

Woche 2: Mittwoch

Max schaltet zu Hause seinen Computer ein: Gleich 20 Uhr, heute ist das erste Live-Webinar der gesamten Gruppe, da bin ich schon neugierig, es sind ja mehr als 250 Teilnehmer.

Login, Passwort, pah, da spielt es sich schon ab. Dann werde ich auch noch schnell ein Hallo eintippen, bevor es losgeht, vielleicht ist ja schon jemand von „meiner" Gruppe da.

Hat ein bisschen etwas von einem Bienenstock, wie die Meldungen da hineinfliegen.

So, jetzt geht es wirklich los.

Viktoria: »Ich wünsche euch allen einen wunderschönen Guten Abend, ich freue mich sehr, dass ihr euch Zeit genommen habt. Wie ich der Facebook+-Gruppe und meinen Mails entnehmen kann, tut sich einiges. Vielen lieben Dank an alle Gruppen, die mir bereits ihren Bericht vom ersten Treffen geschickt haben, ich habe mich bei allen Rückmeldungen gefreut, denn der Tenor war einstimmig, wie gut euch der Austausch in der Kleingruppe tut.

Mich interessiert einmal, was fällt euch bisher leicht, habt ihr schon Erfolge gehabt? Könnt ihr mir bitte eure Antworten in den Chat schreiben.«

Auszug aus dem Chat:

* Ich hatte bisher immer das Gefühl, dass mich der eine Kollege nicht ernst nimmt. Ich habe jetzt die Übung mit der eigenen Einstellung gemacht, seither kommunizieren wir auf gleicher Augenhöhe.

- Ich merke, dass es mir allein schon deshalb besser geht, weil ich merke, ich bin mit meinen „Problemen" nicht allein, mir tut der regelmäßige Austausch mit meiner Kleingruppe extrem gut.

- Meine Präsentation in unserem wöchentlichen Abteilungsmeeting war noch nicht ganz so, wie ich sie gerne hätte, aber gegen früher kein Vergleich. Irgendwie glaube ich auch, dass mir meine Kollegen wirklich interessiert zugehört haben und am meisten habe ich mich gefreut, als mein Chef mir anerkennend zugenickt hat.

- Danke für die Checklisten und genauen „Gebrauchsanleitungen", ich tue mir leichter, wenn ich mich irgendwo „anhalten" kann ...

»Das sind ja schon viele tolle Ergebnisse nach so kurzer Zeit, herzlichen Glückwunsch!

Jetzt interessiert mich, was ist aus eurer Sicht am schwierigsten, wo kann ich euch unterstützen?«

- Dass ich immer freundlich bleiben soll
- Ja, da schließe ich mich an
- Ich auch, das fällt mir echt schwer
- ……………..

»Ok, da das für viele ein Thema zu sein scheint, will ich das zu unserem heutigen Hauptthema machen:

Was steckt hinter meinem Leitsatz **„Gegen beständige Freundlichkeit ist niemand immun"**?

Mein Anliegen ist es, Kommunikation so einzusetzen, dass sie für alle Beteiligten gewinnbringend ist. Ich weiß, dass es immer wieder Menschen bzw. Situationen gibt, die es nicht einfach machen, freundlich zu bleiben, doch überlegt einmal, wie geht es euch, wenn ihr euch in die schlechte Stimmung hineinziehen lasst, wenn ihr eure gute Laune aufgebt, weil ihr einem unfreundlichen Menschen begegnet? Wie schaut das Gesprächsergebnis aus?

Es steht jedem frei, die Wahl für sich zu treffen, ich selbst habe mit beständiger Freundlichkeit die besten Ergebnisse erzielt.

Welche Vorteile hat es freundlich zu bleiben?

- Ihr wirkt souveräner
- Ihr lasst euch die schlechte Stimmung eines anderen nicht überstülpen
- Ihr vermeidet selbst zum Eierschädl zu werden.

Ihr erinnert euch noch an das Modell von Verstand und Gefühl, das beim Thema Reklamation vorgestellt wurde. Das Denk-Hirn bleibt voll funktionsfähig, dadurch fallen euch Antworten und Lösungen schneller ein (und nicht erst im Nachhinein)

- Ihr seid unangreifbar

- Oft gelingt es auch, den anderen positiv zu beeinflussen, wenn nicht in diesem Gespräch, so doch langfristig

- Für mich der Hauptgrund: Es geht mir einfach besser

Ich habe noch einen weiteren Grundsatz: „Hart in der Sache, weich zum Menschen." Was bedeutet das? Auch wenn ich mit jemanden nicht einer Meinung bin, mich über jemanden ärgere, reicht es klar in der Sache zu bleiben, den Menschen selbst behandle ich wertschätzend und freundlich.

Ich habe einen Vorschlag: Rufen wir die „Woche der Freundlichkeit" aus. Nehmen wir uns alle vor, darauf zu achten, dass wir jedem Menschen mit Freundlichkeit begegnen. Ich freue mich schon von euren Erfahrungen zu lesen oder zu hören.

Vielleicht noch eine kleine Anmerkung, es gibt sehr unterschiedliche Arten von Freundlichkeit, die Spannweite reicht von einer extrem herzlichen, oft der Familie und guten Freunden vorbehaltenen, bis zu einer sachlichen, professionellen Freundlichkeit. Ich kann also je nach Situation dosieren.

So, jetzt wünsche ich euch viel Spaß und Freude bei der Umsetzung, die Aufgaben für die nächste Woche bekommt ihr morgen per Mail.«

Stefan noch in Gedanken über das soeben Gehörte: Oh, Gott, vielleicht sollte ich mit der Freundlichkeit erst übermorgen beginnen, wenn ich nur daran denke, dass ich morgen meine Präsentation beim Abteilungsmeeting habe und Hans ist einfach immer mühsam, sobald es um neue Ideen geht. Ups, und da habe ich gerade wieder einen negativen Glaubenssatz entdeckt. Ok, neu formuliert: Ich werde morgen so präsentieren, dass Hans die Chancen erkennt und wir eine konstruktive Diskussion führen können und alle gemeinsam eine gute Lösung finden.

Ich werde Viktoria noch bitten, mir mein Mail schon heute zu schicken, denn bei mir geht's nächste Woche um Killerphrasen und das kann ich jetzt für die Vorbereitung gut gebrauchen.

Woche 2: Donnerstag

Stefan kommt gut gelaunt von der Arbeit nach Hause, er hat noch 1 Stunde Zeit, bevor das 2. Gruppentreffen beginnt. Er kann es kaum erwarten, den anderen von seinem Erfolg beim Abteilungsmeeting zu erzählen.

2. Gruppentreffen:

Stefan: »Ich freue mich schon den ganzen Tag darauf euch das zu erzählen. Als Viktoria uns gestern die gemeinsame Wochenaufgabe gegeben hat, habe ich mir zuerst gedacht, schlechter Zeitpunkt, denn mir fällt es wirklich schwer freundlich zu bleiben, wenn ich bei unseren Abteilungsmeetings präsentiere. Doch dann habe ich mir gedacht, das ist gleich eine gute Übungsmöglichkeit. Ich habe mir zuerst meine Glaubenssätze angeschaut, die ich in dem Zusammenhang hatte und dann Viktoria gebeten mir meine Unterlagen für Woche 3 schon gestern zu schicken, da geht's nämlich um „Killerphrasen" und mein Kollege Hans ist der König der Killerphrasen.

Ich habe dann voll Freude und Begeisterung meine neuen Ideen präsentiert und es kam, wie nicht anders zu erwarten (ich weiß schon, dass ich noch mehr an meiner Einstellung arbeiten sollte), der Einwurf von Hans, „Das haben wir doch eh schon alles probiert, das funktioniert nicht" – also eine klassische Killerphrase.

Und für mich war wirklich erstaunlich, was dann passiert ist, denn normalerweise arten solche Meetings in Endlos- und vor allem Sinnlos-Diskussionen aus. Ich blieb, wie ich mir fest vorgenommen hatte, freundlich und sagte zu Hans (den Satz habe ich aus meinen Unterlagen): „Fein Hans, das heißt, dass du einen großen Erfahrungsschatz zu dem Thema hast. Was hältst du davon, wenn wir deinen Erfahrungsschatz mit meinen neuen Ideen zusammenbringen und gemeinsam schauen, was wir da Tolles auf die Beine stellen können?"

Es war kurz still, man hätte eine Nadel fallen hören, da sagte Hans: „Ja, das machen wir, wir sollten Klaus und Franz auch noch dazu nehmen, denn die haben da auch schon einiges ausprobiert." Die Verwunderung bei allen war spürbar. Unser Abteilungsleiter legte mit uns fest, bis wann wir nächste Ergebnisse präsentieren sollten. Bereits im Anschluss setzten wir uns zu viert für ein erstes Brainstorming zusammen und es kamen wirklich gute Vorschläge heraus, wie wir meine Ideen umsetzen können.

Ich kann euch nur sagen, seither schwebe ich wie auf Wolken und habe das Gefühl, dass ich alles im Griff habe.«

Aufgabe 4: Killerphrasen

Was ist Ihre Erfahrung mit Killerphrasen?

Was macht es vielen Menschen so schwer damit umzugehen?

Wie hätten Sie auf den Einwurf reagiert?

So funktioniert's: Killerphrasen

Killerphrasen sind leere Worthülsen, Scheinargumente, die häufig den Zweck verfolgen, den anderen abzuwürgen.

*Es sind Verallgemeinerung, wie z.B. **Typisch** ..., das hat noch **nie** funktioniert, **immer** ...*

Besonders unangenehm sind sie, wie in unserem Beispiel, in Meetings, wenn Vorschläge/Ideen damit einfach abgewürgt und wir vor anderen damit konfrontiert werden. Denn wie sollen wir reagieren?

Schauen wir uns unser Beispiel an:

„Das haben wir schon so oft probiert, das hat noch nie funktioniert"

A   Sie gehen in Konfrontation: Was hast du denn genau gemacht? Vielleicht liegt's ja an dir ...

-> Mit dem Ergebnis, dass die Stimmung schlecht ist, es führt zu einer Spaltung der Anwesenden und Sie sind von der Umsetzung Ihrer Idee meilenweit entfernt.

B   Sie versuchen es auszudiskutieren:

-> Viel Spaß! Denn sehr oft, wenn jemand eine Killerphrase verwendet, ist seine Bereitschaft sich Ihre Sichtweise anzuhören und auch zu übernehmen sehr gering bis gar nicht vorhanden. Das sind Diskussionen, die zu keiner Lösung führen.

C   Sie würdigen das Gute im Einwurf und geben eine gemeinsame Perspektive. In unserem Fall, sprechen Sie den Erfahrungsschatz an.

-> Sie können sicher sein, dass es den meisten Menschen schwer fällt, nachdem sie von vielen Versuchen gesprochen haben, hier zu widersprechen, außerdem fühlen sie sich an-

erkannt. Wenn Sie dann noch die Hand reichen, in dem Sie davon sprechen, dass sie gemeinsam eine Lösung finden werden, haben Sie den anderen gewonnen (bzw. tut er sich im Meeting schwer, hier nicht zuzustimmen).

Ein weiterer Grund, weshalb das so gut funktioniert ist, dass Sie anders reagieren, als der andere erwartet, Sie brechen das Muster. Ihr Gesprächspartner will Sie mit einer Killerphrase mundtot machen und erwartet entweder, dass Sie klein beigeben oder dass Sie mit Aggression reagieren. Sie überrumpeln ihn mit Freundlichkeit, einer wertschätzenden Anmerkung und der Einladung gemeinsam eine Lösung zu erarbeiten.

Probieren Sie es aus, ich kann aus eigener Erfahrung sagen, wenn es gelingt, hilft es, die Energie nicht in Konflikte und eigenen Ärger zu verschwenden und es fühlt sich wirklich gut an.

***

Max: »Das klingt toll, ich freue mich, dass du schon so gute Ergebnisse mit dem Kurs erzielst, leider war mein Tag nicht so erfolgreich. Ich hatte einen wichtigen Neukundentermin, auf den ich mich wirklich akribisch vorbereitet hatte. Ich wusste alles über den Kunden und hatte ein genaues Bild, was er jetzt im Moment am dringendsten braucht. An der Powerpoint für die Präsentation bin ich mehrere Stunden gesessen – sie war perfekt.

Entsprechend gut gelaunt und selbstsicher ging ich zum Kunden. Auch als die Sekretärin mir erklärte, dass Herr Huber noch in einem Gespräch ist und sich ca. 15 Minuten verspäten wird, blieb ich freundlich und gut gelaunt (ich gebe zu, ich musste ganz fest an unseren Telefontermin denken, denn noch vor ein paar Wochen, wäre es jetzt bereits mit meiner guten Laune vorbei gewesen und abgekriegt hätte es die Sekretärin). Ich fragte sie, ob ich bereits im Meetingraum alles für meine Präsentation vorbereiten dürfte und es war möglich.

Herr Huber stürmte mit insgesamt 25 Minuten Verspätung in den Raum, entschuldigte sich kurz, doch er wirkte gehetzt und etwas abwesend.

Ich dachte, wenn er wenig Zeit hat, ist es das Beste, ich beginne gleich mit meiner Präsentation, denn ich war mir ja sicher, dass ich durch meine Vorbereitung, den Bedarf meines Neukunden kannte.

Bereits nach der 4. Folie (von insgesamt 17) unterbrach mich Herr Huber unwirsch und fragte mich, woher ich die Informationen hatte. Ich erzählte stolz von meiner Internet-Recherche, doch er unterbrach mich gleich nochmals und sagte, dass ich keine Ahnung hätte, in welcher Situation die Firma sich wirklich befindet und dass das alles nicht passt. Dann beendete er das Gespräch mit den Worten, bei Bedarf käme er gerne auf mich zu, und weg war er.

Ich war total vor den Kopf gestoßen, meine Selbstsicherheit hat einen ordentlichen Dämpfer erhalten und ich weiß noch immer nicht so genau, was da falsch gelaufen ist.

Vielleicht könnt ihr mir helfen.«

***

Aufgabe 5: Neukundengespräch

Was gefällt Ihnen an Max Vorgehen?

Was ist Ihnen für ihn aufgefallen?

Welche Tipps haben Sie für ihn?

***

So funktioniert': Neukundengespräch

+ Gute Vorbereitung: Ich denke, wer in Zeiten des Internets unvorbereitet zu einem Kunden geht, ist selbst schuld. Recherchieren Sie über die Firma, über den Mitbewerb, aber auch über Ihren Gesprächspartner. Genauso wie bei Netzwerkveranstaltungen können auch private Informationen hilfreich sein. Diese helfen besonders für den Einstieg. Nur wenden Sie diese Information mit viel Fingerspitzengefühl an, Ihr Kunde soll nicht das Gefühl bekommen, dass Sie nebenberuflich für die NSA arbeiten ;-)

+ Überlegen Sie im Vorfeld, welchen Nutzen kann Ihr Kunde von Ihren Produkten/Dienstleistungen haben?

+ Bereiten Sie Ihre Bedarfserhebung vor!!! Trotz aller Informationen, die Sie gesammelt haben, fragen Sie Ihren Kunden. Werden Ihre Informationen bestätigt, gut, kommen andere dazu, oder sind manche bereits veraltet, umso besser, dass Sie gefragt haben.

Überlegen Sie im Vorfeld, welche Fragen Sie Ihrem Kunden stellen wollen. Ein kleiner Tipp, machen Sie es schriftlich, denn diesen Fragenkatalog können Sie für jedes Gespräch verwenden. Pflegen Sie ihn, ergänzen oder ändern Sie Fragen, dann wird Ihr Fragenkatalog zu einem Ihrer mächtigsten Verkaufstools.

+ Starten Sie mit Small Talk, auch wenn der Kunde, wie in unserem Beispiel gehetzt wirkt, oder um genauer zu sein, vor allem dann, gehen Sie nicht in medias res, fallen Sie nicht mit der Tür ins Haus.

Hier reicht oft die menschliche Frage: Bei Ihnen ist heute viel los. (Das ist eigentlich keine Frage, hier ist die richtige

Intonation der Schlüssel: Das heißt, Sie gehen wie bei einer Frage mit der Stimme am Ende nach oben).

Diese kleine Feststellung/Frage ist oft so, als ob Sie den Stöpsel aus einem Ventil ziehen. Plötzlich beginnt Ihr Kunde zu erzählen. Die Informationen, die Sie auf diese Weise erhalten, können extrem wertvoll sein. Was Ihnen auf jeden Fall gelungen ist, Sie haben eine gute persönliche Basis zum Kunden aufgebaut – er schenkt Ihnen sein Vertrauen.

Zusätzlich bringen Sie Ihren Kunden so auch wieder in eine Verfassung, die es überhaupt erst möglich macht, dass er wirklich mit Ihnen reden kann (ich erinnere an den Eierschädl, bedenken Sie, Ihr Kunde stand unter Stress).

+ Stellen Sie Fragen, gleichgültig wie viele Informationen Sie bereits haben, auch falls Ihr Kunde Sie auffordert, „Ich habe nur wenig Zeit, erzählen Sie mal. Was haben Sie denn für mich?".

Auf diesen Satz reagieren Sie am besten, indem Sie sagen: „Mache ich gerne! Um möglichst effizient zu sein, darf ich Ihnen zuerst ein paar Fragen stellen, damit ich Ihnen genau das präsentiere, was für Sie interessant ist."

Die Fragen dienen nicht nur dazu, dass Sie Ihre Informationen ergänzen, sondern

Sie signalisieren Interesse

Sie helfen beim Vertrauensaufbau

Durch geschicktes Fragen, lenken Sie die Gedanken des Kunden in die von Ihnen gewünschte Richtung

+ Ihre anschließende Präsentation halten Sie nach dem Grundsatz: „Eine Präsentation ist dann gut, wenn Sie nichts mehr weglassen können" – also kurz-knapp-knackig und immer den Nutzen des Kunden hervorheben!

Woche 2: Freitag

Sabine schaut in ihren Posteingang: Ah, das Mail mit meinem Wochenthema, es geht darum Ruhe zu bewahren.

Das hätte ich heute schon brauchen können, Klaus war wieder einmal besonders mühsam. Er gibt mir immer das Gefühl, als „wäre ich auf der Nudelsuppe daher geschwommen". Oft braucht er gar nichts sagen, da reicht schon sein abschätziger Blick, er tut gerade so, als ob er Mr. Allwissend wäre und ihm niemals ein Fehler passiert.

Ok, dann schau ich mir die Tipps mal an, vielleicht wird es ja besser.

Nein, da kann ich einfach nicht zustimmen, was soll das heißen, ich bin für meine Stimmung selbst verantwortlich? Die ist anscheinend noch nie Menschen wie Klaus begegnet. Bei dem schafft es nicht einmal der Dalai Lama gelassen zu bleiben.

Hau drauf – endlich ein sinnvoller Tipp, aber leider ist nicht gemeint, dass ich Klaus schlagen soll.

Ich glaube, heute macht das keinen Sinn mehr, ich bin noch zu wütend wegen vorhin. Ich werde es mir morgen in Ruhe anschauen.

***

Aufgabe 6: Ruhe und Gelassenheit erreichen

Was sind Ihre Strategien, um Ruhe zu bewahren/ entspannt zu bleiben?

Was tun Sie langfristig dafür?

***

E-Mail

Liebe Sabine,

den Grund, weshalb es so wichtig ist Ruhe zu bewahren, habe ich schon anhand des Eierschädelmodells erklärt. Wenn es Dein Ziel ist, andere für deine Ideen zu gewinnen, gewinnende Gespräche zu führen und unnötige Konflikte zu vermeiden, dann führt kein Weg an Ruhe und Gelassenheit vorbei.

Das ist leichter geschrieben, als es dann wirklich auszuführen, das weiß ich aus eigener Erfahrung.

Ich selbst war nämlich für meinen Jähzorn bekannt. In der Vergangenheit habe ich meinem Ärger einfach freien Lauf gelassen. Mir ging es auch – zumindest für den Moment – besser. Doch mit welchem Ergebnis? Die Gesprächsbereitschaft der anderen war gleich 0, von möglichen Lösungen waren wir weit entfernt und meistens hinterließ mein Ausbruch auch Verletzungen, die mir leid taten, sobald ich mich wieder beruhigt hatte.

Ich wusste, ich musste etwas ändern. Ich habe dir die Tipps zusammengestellt, die mir am besten geholfen haben.

Seit es mir gelingt, an jedes Gespräch, unabhängig von der Stimmung meines Gegenübers, ruhig heranzugehen, hat sich die Qualität meiner Gespräche erheblich verbessert.

Langfristige Maßnahmen: Am meisten hat mir geholfen, für einen Ausgleich in meinem Leben zu sorgen. Das heißt Dinge zu tun, die mir helfen Stress und Anspannung abzubauen. Auch meine Teilnehmer / innen haben mir die Wirkung dieser Maßnahmen bestätigt.

- **Sport**: Seit ich regelmäßig laufen gehe (manchmal ist es auch ein ausgedehnter Spaziergang), merke ich, dass ich ausgeglichener bin.

- **Hour of Power Teil I**: Das habe ich von Anthony Robbins übernommen, während ich spazieren gehe oder laufe (wenn du gar nicht aus dem Bett kommst, kannst du das auch noch im Bett machen), überlege ich mir, wofür ich in meinem Leben dankbar bin. Es ist erwiesen, dass es nicht möglich ist Dankbarkeit und Stress gleichzeitig zu empfinden.

- **Dinge, die mir gut tun** fix in den Tagesablauf einplanen und sie auch wirklich durchführen. Das kann ein Spaziergang, ein Bad, Lesen, mit Freunden treffen, … sein; wichtig ist, dass es sich hier genauso um einen Termin handelt, den ich einhalten muss.

- **Pausen**: Wenn ich eine übervolle To-Do-Liste habe, von einem Termin zum anderen hetze, zwischendurch nur schnell eine Kleinigkeit zu mir nehme, … brauche ich mich nicht wundern, wenn ich bei der kleinsten Kleinigkeit explodiere.

- **Hau drauf oder die wunderbare Wirkung von Stressbällen, Boxsäcken & Co**: Ich selbst hatte ein Aha-Erlebnis, als meine Kinder ca. 3 und 5 Jahre alt waren. Es war eine Phase, in der sie wirklich viel gestritten haben. Ich habe sie gefragt, was ich tun kann, damit das ewige Streiten ein Ende hat. Sie waren sich sofort einig, dass sie einen Boxsack brauchen. Dieser Bitte bin ich sofort nachgekommen und es hat auch funktioniert. Eines Tages habe ich meine Nerven weggeschmissen und die beiden angeschrien, da sagte meine 3-jährige Tochter zu mir: „Stimmt's Mama, jetzt wärst du auch besser zum Boxsack gegangen". Ich musste lachen und hab's ausprobiert, seither weiß ich, wie befreiend das ist.

- **Humor, Lachen**: Gewinne dem Leben die lustigen Seiten ab, Lachen wird nicht umsonst häufig als „beste Medizin" bezeichnet.

Maßnahmen für den Moment

- **Standfestigkeit** gibt innere Stärke und Gelassenheit, dazu eine kleine Übung:

Diese Übung geht am besten zu zweit, wenn du keinen Übungspartner findest, mach es einfach allein, das „Schubsen" fällt dann weg.

- Stellt euch locker hin, dann gebt euch nacheinander gegenseitig einen kleinen Schubser, ihr werdet den anderen damit leicht aus dem Gleichgewicht bringen.

- Konzentriert euch auf euren Stand, ihr steht sicher und fest; wieder schubsen; merkt ihr die Veränderung? Beobachtet auch, was sich in eurem Inneren abspielt.

- Jetzt stelle dich mit folgender Vorstellung hin: „Ich stehe vollkommen sicher und bin mit dem Boden verwurzelt, ganz gleich was kommt, ich bleibe stehen". Wenn du jetzt geschubst wirst, merkst du, dass du vollkommen ruhig stehen bleibst und noch viel wichtiger, spüre das Gefühl der inneren Stärke und der Sicherheit.

- Dieses Gefühl hole dir in Zukunft in schwierigen Situationen, wenn du merkst in deinem Inneren beginnt es zu brodeln; übrigens das funktioniert auch im Sitzen mit beiden Füßen am Boden.

- **Eine „neutrale Position" einnehmen**: Ich versuche die Situation wie ein neutraler Beobachter zu analysieren.

- **Ein persönliches „Mantra"**: Finde einen Satz, der dir hilft entspannt zu bleiben. Bei mir hat sich „Ich will in meiner Stimmung bleiben" bewährt.

- **Denk an den "Eierschädl"**: Rufe dir ins Gedächtnis, das der andere gerade nicht anders kann, und/oder was mit dir passiert, wenn du beginnst dich zu ärgern, aufzuregen…

- **Verschieben auf einen späteren Zeitpunkt**: Das mache ich immer dann, wenn ich entweder spüre, dass ich selbst nicht in der Lage bin ruhig zu bleiben, oder der andere in einer Verfassung ist, die ein konstruktives Gespräch unmöglich macht, dann schlage ich vor, dass wir das Gespräch zu einem späteren Zeitpunkt fortsetzen. Versucht mein Gesprächspartner darauf zu beharren sofort weiter zu reden, sage ich freundlich und sehr bestimmt, dass ich an einem positiven Gesprächsergebnis interessiert bin, derzeit allerdings keine Chance sehe, dass wir das auch erreichen und schlage einen späteren Termin vor.

Mach dir deinen persönlichen Maßnahmenplan, Sie lieber Leser, können gleich mitmachen:

Was nehme ich mir konkret für meinen Ausgleich vor? (langfristige Maßnahmen) Plane gleich fixe Termine ein und schreib sie in deinen Kalender.

Was werde ich in Zukunft tun, welche der kurzfristigen Maßnahmen passen für mich?

Woche 3: Montag

Claudia liegt das bevorstehende Gespräch mit ihrer Mitarbeiterin im Magen.

Claudia: So, den Kunden habe ich jetzt so weit beruhigt, jetzt steht noch das Gespräch mit Andrea auf dem Plan. Ich kann mir noch immer nicht erklären, aus welchem Grund sie dermaßen die Nerven weggeschmissen hat. Und was mich am meisten enttäuscht, ist, dass sie mich nicht sofort verständigt hat, so hat mich der Anruf unseres Kunden vollkommen unvorbereitet getroffen. Ich hoffe, dass ich das wirklich gerade biegen konnte, das wäre wirklich ein großer Verlust.

Ich werde es morgen machen, heute haben wir noch unseren Gruppencall, vielleicht haben die anderen gute Tipps für mich.

Aufgabe 7: Mitarbeitergespräch mit Anlassfall

Was raten Sie Claudia?

Wie soll sie das Gespräch mit Andrea starten?

Soll sie ihre Enttäuschung ansprechen? Wenn ja, wie?

Worauf empfehlen Sie ihr bei dem Gespräch zu achten?

***

So funktioniert's: Mitarbeiter-gespräch mit Anlassfall

+ Gerade, wenn Sie selbst enttäuscht, verärgert, ... sind, ist es extrem wichtig zu überlegen, wie geht es dem anderen, was können seine Beweggründe gewesen sein.

+ Das Gespräch erst führen, wenn Sie aus der Emotion (siehe Eierschädl) draußen sind.

In unserem Fall nehme ich an, dass die Mitarbeiterin mit dem Telefonat überfordert war und es ihr vollkommen klar war, dass „Auflegen" keine gute Lösung ist. Die Situation war ihr unangenehm und sie hoffte, dass es „unentdeckt" bleibt und sie hat sich nicht überlegt, welche Konsequenzen ihr Verhalten für Claudia haben könnte.

Für Claudia ist es wichtig zu warten, bis sie selbst wieder gelassen ist und bereit sich die Sichtweise ihrer Mitarbeiterin anzuhören.

+ Start des Gesprächs: Kurz umreißen, dass der Kunde angerufen hat (neutral erzählt) und dann eine Frage stellen, wie: Was ist passiert? Wie ist es dazu gekommen? ...

+ Wenn Ihnen Ihre Mitarbeiterin erzählt, dass der Kunde immer unfreundlicher geworden ist, weil er über den Inhalt des Gesprächs verärgert war (zur Erinnerung: Es ging darum, einen Key-Account, bei dem ständig Mitarbeiter vor Ort waren zu fragen, welche Geräte sie im Einsatz haben) und sie, weil vom Auftraggeber gewünscht, dabei blieb, dass sie Mitarbeiterin des Auftraggebers war und irgendwann nicht mehr weiter wusste ..., dann ist es wichtig, dass Sie ihr zeigen, dass Sie ihre Situation verstehen können (auch wenn Sie sie nicht gutheißen).

+ Die Frage, weshalb sie Sie nicht angerufen hat, können Sie sich und ihr ersparen, denn das liegt auf der Hand. Sie war verzweifelt und es war ihr extrem unangenehm.

+ Viel wichtiger ist es gemeinsam zu besprechen, wie so eine Situation in Zukunft am besten gelöst werden kann.

+ Das ist eine gute Chance das Vertrauensverhältnis zu dieser Mitarbeiterin zu stärken. Der Fehler ist bereits passiert, stellen Sie gemeinsam die Weichen, damit so etwas nicht mehr vorkommt.

Fragen Sie sie: Wie können wir so etwas in Zukunft lösen? Wo benötigen Sie Unterstützung meinerseits?

+ Achten Sie auf eine lösungsorientierte, wohlwollende Haltung.

***

Claudia ist sehr zufrieden mit dem Gesprächsausgang: Die Sichtweisen der anderen und ihre Tipps haben mir geholfen nicht nur mein Gefühl und meine Angst den Kunden zu verlieren in den Vordergrund zu stellen. Das Gespräch war extrem konstruktiv und am meisten habe ich mich gefreut, als meine Mitarbeiterin am Abend noch einmal in mein Büro gekommen ist und sich bedankt hat, dass ich nicht „ausgerastet" bin. Sie hat mir dann noch erzählt, dass ihr früherer Chef schon oft wegen Kleinigkeiten geschrien hat und dass sie sich deshalb nicht getraut hat bei mir anzurufen. Sie hat mir auch versprochen, da sie jetzt weiß, dass sie mit mir reden kann, dass so etwas nie wieder vorkommen wird.

Ich bin mit einem wirklich guten Gefühl nach Hause gegangen. Ich weiß genau, dass dieses Gespräch vor ein paar Wochen noch vollkommen anders verlaufen wäre …

***

Stefan erwartungsvoll: Fein, meine Wochenaufgabe ist im Maileingang, das müsste sein „Wie du sozial kompatibel deine Meinung sagst".

Da bin ich schon sehr gespannt, ich habe richtig gemerkt, wie Viktoria geschmunzelt hat, als ich ihr von meinem letzten „Rüffel" von meinem Abteilungsleiter erzählt habe. Er hat zu mir gesagt, dass es besser wäre, wenn ich meine Meinung öfter für mich behielte. Ich sei den Leuten zu direkt. Nur was soll ich machen, bei der konkreten Situation, auf die er mich angesprochen hat, bin ich Projektverantwortlicher. Da muss ich etwas sagen, wenn Leute mitreden wollen, die keine Ahnung haben, auch wenn es sich dabei um unseren Ressortleiter handelt. Ja, vielleicht hat Viktoria recht und es war nicht sehr diplomatisch unseren neuen Ressortleiter im Gesamtabteilungsmeeting auf sein mangelndes

Wissen hinzuweisen, doch es haben ja eh alle im Raum gewusst ...

Nur wenn wir das umgesetzt hätten und es wäre schief gelaufen, dann wäre sicher ich der Sündenbock gewesen. Ich habe überhaupt das Gefühl, die anderen hören viel zu wenig auf mich. Es stimmt schon, dass ich schnell emotional werde, doch mir ist es eben wirklich wichtig, dass das Projekt erfolgreich wird, für mich könnte das den nächsten Karriereschritt bedeuten.

Aufgabe 8: Die Meinung so sagen, dass es der andere nehmen kann

Was raten Sie Stefan?

Was ist das Gute an seiner Reaktion?

Was soll er verändern?

Welche Möglichkeiten hat er „sein Projekt" vor dem Einmischen „Ahnungsloser"zu retten?

***

So funktioniert's: Anderen die Meinung sagen

Ich erlebe es immer wieder, dass besonders die Mitarbeiter, denen die Firma, das Projekt, …wirklich am Herzen liegen, die sind, die emotional reagieren und damit können viele Führungskräfte nicht umgehen und stempeln diese Mitarbeiter als „schwierig" ab. Sobald ein Mitarbeiter als „schwierig" bekannt ist, wird er auch nicht mehr ernst genommen, er wird als emotional instabil gesehen und wenn er vor einem möglichen negativen Ergebnis warnt, wird er als Schwarzseher oder ewiger Abblocker abgetan.

Damit werden viele sehr engagierte Mitarbeiter langfristig demotiviert.

Stefan ist aus Sicht seines Vorgesetzten genau so ein „schwieriger" Mitarbeiter. Er muss lernen, dass er weiterhin seine Meinung sagt, nur das „wie" verändern. Nach dem Grundsatz „Du kannst alles sagen, was du willst, es kommt nur darauf an, wie du es sagst".

+ Auch hier lautet die erste Grundregel: Entspannt bleiben; „In der Ruhe liegt die Kraft" kommt nicht von ungefähr. Wir alle hören eher auf Menschen die Ruhe und Souveränität ausstrahlen, als auf Menschen, die uns das Gefühl vermitteln von ihren Gefühlen übermannt zu werden.

+ Wenn es um Kompetenzfragen geht, führen Sie unbedingt ein 4-Augen-Gespräch. Keine Führungskraft kann es sich gefallen lassen vor versammelter Mannschaft als inkompetent hingestellt zu werden. Und auch Kollegen verletzen Sie mit solchen Äußerungen unnötig. Wenn es Ihr Ziel ist,

die anderen für Ihre Ideen zu begeistern, ist es wichtig, dass Sie eine gute Basis legen, damit sie Ihnen gerne zuhören.

+ Versuchen Sie jeden Gedanken, der bei einem Meeting kommt, zu würdigen. Wenn Sie merken, dass es ein vollkommener Blödsinn ist, ist der Grat, auf dem Sie sich bewegen, sehr schmal. Einerseits wollen Sie den Ideengeber nicht vor den Kopf stoßen, andererseits darf es nicht so weit kommen, dass die Anwesenden an Ihrer Kompetenz zweifeln.

Es gibt hier mehrere Vorgehensweisen:

+ Schreiben Sie es für alle sichtbar auf und sagen Sie, Sie werden diesen Gedanken gerne nachgehen, ihn prüfen, oder Ähnliches.

+ Übergeben Sie die Entscheidung an die Teilnehmer (ist ein bisschen heikel, wenn der Vorschlag von einem Vorgesetzten kommt, denn da traut sich oft niemand etwas entgegenzusetzen).

+ Fragen Sie den Ideengeber, wie genau er das meint bzw. wie Sie das integrieren sollen oder wie sich das mit xxx vereinbaren lässt ... (oft gelingt es durch geschickte Fragestellung, dass er selbst darauf kommt, dass seine Idee nicht umsetzbar ist).

+ Bringen Sie Ihre Argumente mit ruhiger fester Stimme, denken Sie an Ihre Verwurzelung. Überlegen Sie im Vorfeld, wie formulieren Sie, damit alle Anwesenden Sie verstehen (berücksichtigen Sie unbedingt den unterschiedlichen Wissensstand).

+ Bereiten Sie Unterlagen zur visuellen Unterstützung vor.

+ Denken Sie immer an Ihr Ziel: Ihr Ziel ist es, Ihr Projekt in Ihrem Sinn voranzubringen, es geht nicht darum andere auszubilden oder ihnen zu beweisen, dass Sie mehr wissen als sie.

Ist die Situation zwischen Ihnen und einzelnen Personen schon so richtig verfahren, dann führen Sie Gespräche. Sagen Sie offen und ehrlich, dass Sie in der Vergangenheit manchmal übers Ziel hinausgeschossen sind, dass das aber nur passiert ist, weil Ihnen so viel am Gelingen des Projekts liegt. Ergänzen Sie dann, wie Sie sich in Zukunft die Zusammenarbeit vorstellen, was Sie zu tun bereit sind und was Sie sich vom anderen wünschen.

+ Haben Sie immer das positive Ziel, die Zusammenarbeit vor Augen.

***

Woche 3: Mittwoch

Chat in der großen Gruppe

Viktoria: »Unser heutiges Thema ist eine Fortsetzung der ständigen Freundlichkeit. Ihr alle wisst ja, dass ihr Veränderung nur bei euch selbst vornehmen könnt, ich stelle heute die Behauptung auf, dass ich durch mein Verhalten und meine Einstellung andere verändern kann.«

Claudia: »Darf ich etwas erzählen, ich habe das letzte Woche ausprobiert: Weich zum Mensch, hart in der Sache kombiniert mit Freundlichkeit, das Ergebnis begeistert mich jetzt noch. Wir haben für einen Kunden telefoniert, der im Vorfeld kleine Törtchen mit der Aufschrift TQM (Total Quality Management) verschickt hat, wir sollten Beratungstermine ausmachen. Ich habe wieder einmal mittelefoniert. Die meisten Kunden bedankten sich für die Törtchen und es waren wirklich gute Gespräche. Umso überraschter war ich, als ein Kunde in sehr schroffem Ton zu mir sagte: „Wir sind nicht hier um Geschenke zu empfangen, wir sind da um zu arbeiten und außerdem war die Torte scheußlich." Ich konzentrierte mich auf die Freundlichkeit und sagte mit fester, freundlicher Stimme: „Herr Maier, es tut uns leid, wenn wir Ihren Geschmack nicht getroffen haben und ich bin sicher, dass das Törtchen jemand anderem aus Ihrem Büro geschmeckt hat. Zum anderen Punkt, Sie haben Recht, die Torte war ein Geschenk. Wenn Sie sich dazu entschließen mit uns zusammenzuarbeiten, werden Sie eine großartige Leistung erhalten, die Ihrer Firma durch die Zertifizierung einen Wettbewerbsvorteil bringen wird und dafür werden Sie uns bezahlen."

Ich merkte, dass Herr Maier kurz zögerte, dann hörte ich ein Lächeln und er sagte: „Das Thema betrifft eher meinen Bruder, wir führen die Firma zu zweit. Ich gebe Ihnen die Durchwahl, doch bitte warten Sie ein paar Minuten, ich bereite ihn auf Sie vor, sonst ist er genauso unfreundlich." – Über dieses Eingeständnis musste ich lachen.

Das Gespräch mit dem Bruder war dann ein Kinderspiel, er wollte gleich einen Termin.

Ich habe mich sehr gefreut, dass das so gut funktioniert hat, denn ich gebe zu, mein erster Impuls war einfach aufzulegen, doch dieses Ergebnis war viel besser. Davor konnte ich mit dem Grundsatz „Hart in der Sache, weich zum Menschen" nichts anfangen, doch jetzt weiß ich, das werde ich zu meinem Grundsatz machen.«

Viktoria: »Das ist ja super, fein, dass du so eine tolle Erfahrung gemacht hast und danke, dass du sie mit uns geteilt hast.

Deine Geschichte passt auch wunderbar zu unserem heutigen Thema. Ich will euch etwas dazu erzählen, dieses Erlebnis hat mich tief beeindruckt.

Als meine Kinder noch im Kindergarten waren, kam jeden Tag, wenn wir wegfuhren, ein alter Mann die Straße herunter. Er hatte einen verschlossenen, fast harten Gesichtsausdruck, ich konnte ihm ansehen, wie beschwerlich das Gehen für ihn war. Wir grüßten ihn jeden Tag, die ersten Male kam als Antwort nur ein Nicken. Doch nach 1-2 Wochen merkte ich, dass sich etwas verändert hatte. Der Mann hielt schon nach meinen Kindern Ausschau, sobald er in unsere Straße kam. Sobald er sie sah, wurden seine Gesichtszüge weicher und ich werde nie den Tag vergessen, als er lächelte. Es berührte mich zutiefst, denn es war für mich der Beweis, dass es uns doch möglich ist, bei anderen Veränderungen zu bewirken. Das ist es, was wir alle zu einem entspannten Miteinander beitragen können, es ist die kleine Freude, die wir anderen machen. Dazu passt auch das Zitat von Mutter Theresa „Lass nie zu, dass du jemanden begegnest, der nicht nach der Begegnung mit dir glücklicher ist." Und das Beste ist, ihr bekommt es vielfach zurück.

Das ist die allgemeine Aufgabe für nächste Woche, experimentiert, probiert es aus, wie es euch gelingt, positive Stimmung auf andere zu übertragen. Viel Spaß dabei und lasst euch überraschen, was es bei euch bewirkt.«

***

Woche 3: Donnerstag

Max kommt nach Hause, richtet sich ein Weckerl her und kocht sich einen Tee. So versorgt setzt er sich zum Computer.

Noch 10 Minuten bis zu unserem Gruppentreffen, ich wähle mich gleich ein, dann bin ich dieses Mal sicher pünktlich. Ich bin schon gespannt, was die anderen zu meinem Thema „Designe deinen 1. Eindruck" für mich für Tipps haben. Ich gebe zu, damit tue ich mir ein bisserl schwer, weil ich bin so, wie ich bin, was soll ich da großartig tun, entweder die Menschen können mit mir oder eben nicht.

Sabine denkt an Max Worte: Ich habe mir echt das Lachen verbeißen müssen, als Max uns seine Gedanken zu seiner Wochenaufgabe schilderte. Wenn ich ganz ehrlich bin, war mein erster Eindruck von ihm gar nicht gut, er hat so wie ein typischer „Kam, sah und siegte"-Typ auf mich gewirkt. Dabei je besser ich ihn kennenlerne, desto sympathischer wird er mir. Ich glaube fast sein forsches Auftreten ist nur Fassade und ich kann mir vorstellen, dass das nicht bei jedem gut ankommt. Nur wie sage ich ihm das?

***

Aufgabe 9: Designen Sie den Eindruck, den Sie hinterlassen wollen

Wie gehen Sie vor, wenn es um den ersten Eindruck geht?

Was raten Sie Max?

Weshalb ist der erste Eindruck so wichtig?

Was können Sie tun, um Ihren ersten Eindruck zu optimieren?

***

E-Mail an Max

Woher kommt der erste Eindruck?

Den ersten Eindruck bilden wir in einer Zone unseres Gehirns, dem Reptiliengehirn, das aus einer Zeit stammt, als unsere Urahnen noch mit Lendenschurz und Keule durch die Wälder streiften. Wenn damals plötzlich hinter einem Felsen ein Säbelzahntiger auftauchte, hatten sie nicht genügend Zeit sich zu überlegen, schaut er kräftig aus, wie schnell wird er wohl sein, ..., um sich zu entscheiden, ob sie davonlaufen oder kämpfen sollten. Die Zeit, in der sie ihre Überlegungen angestellt hätten, hätte dem Tiger schon gereicht, um sie zu fressen. Deshalb war eine blitzschnelle Entscheidung nötig. Diesen Mechanismus haben wir in die heutige Zeit mitgenommen. Sobald wir einen Menschen kennenlernen oder auch nur sehen, entscheiden wir, welchen Eindruck haben wir von ihm, ist er uns sympathisch oder nicht?

Und so wie wir uns unseren ersten Eindruck bilden, so macht das auch unser Gesprächspartner. Deshalb mein Tipp, designe deinen ersten Eindruck, überlege dir, wie du auf andere wirken willst.

Ich kann richtig sehen, wie du die Stirn runzelst und dir denkst, ich will mich nicht verstellen, ich will authentisch sein. Da gebe ich dir auch zu 100% Recht, natürlich darfst du dich nicht verstellen, der andere würde es merken. Es geht darum, welche Facetten von dir zeigst du, was passt für diese Situation.

Was willst du z.B. bei einem Neukundengespräch vermitteln? Was soll der Kunde von dir denken? Was ist dein Ziel?

Bei mir haben sich Sympathie, Kompetenz und Vertrauen bewährt. Warum die 3?

Sympathie: Sie ist die Grundlage für jede positive Beziehung, gleich ob geschäftlich oder privat. Erst wenn wir für jemanden Sympathie empfinden, sind wir überhaupt bereit ihm zuzuhören.

Vielleicht hast du so etwas schon erlebt, du wolltest etwas kaufen, der Verkäufer war ein richtiger Fachmann und sehr kompetent, doch die Chemie passte einfach nicht, er wirkte auf dich überheblich und besserwisserisch. Hand aufs Herz, hast du bei diesem Verkäufer gekauft, oder bist du in ein anderes Geschäft gegangen, wo dir der Verkäufer sympathischer war?

Kompetenz: Selbstverständlich ist es auch wichtig, dass dein Gesprächspartner von deiner Kompetenz überzeugt ist. Er braucht die Sicherheit in „guten Händen" zu sein.

Aus diesen beiden resultiert das 3., das **Vertrauen**: Wenn du einen Menschen für dich bzw. für deine Ideen, Produkte, Dienstleistungen, … gewinnen willst, brauchst du sein Vertrauen.

Wie kannst du den ersten Eindruck so gestalten, dass der andere möglichst schnell Sympathie für dich empfindet, dir Kompetenz zuspricht und dir vertraut?

Beginnen wir einmal bei der **Sympathie**:

Was kannst du tun, um einen sympathischen Eindruck zu machen?

Meine Top 3

Ich aktiviere bewusst meine innere Freude (ich denke an die Chance, die jedes Gespräch in sich birgt; es macht einen großen Unterschied, ob ich mir denke „Das jetzt auch noch" oder „Ich freue mich auf das Gespräch/Meeting". Wie wir an eine Sache herangehen, bleibt immer uns überlassen – wir haben die Wahl.

Ich freue mich auf meinen Gesprächspartner.

Ich begegne anderen mit der Grundeinstellung „Ich mag dich".

Wie schaut´s mit der **Kompetenz** aus?

Du hast dich vorbereitet, du weißt, dass du gute Arbeit leistest. Denk daran und die anderen werden es spüren. Wenn du natürlich denkst: „Hoffentlich stellt mir niemand eine Frage", oder „Das hätte ich mir doch noch genauer anschauen sollen" – dann spüren es die anderen auch.

Wichtig ist, es kann dir immer trotz bester Vorbereitung passieren, dass du eine Frage nicht sofort beantworten kannst, du von einem Argument überrumpelt wirst. Das ist ok, wichtig ist, wie du reagierst. Wenn du mit einem freundlichen Lächeln selbstsicher sagst: „Das schau ich mir gerne für Sie an, ich melde mich spätestens morgen bei Ihnen", wird niemand deine Kompetenz in Frage stellen. Wenn du allerdings denkst „Oje, die denken jetzt sicher, ich habe absolut keine Ahnung", wirst du genau das ausstrahlen. Und nur eine Frage: Wenn nicht einmal du an deine Kompetenz glaubst, aus welchem Grund sollen das andere tun?

Und zum Schluss Vertrauen: Wenn du alle bisherigen Punkte berücksichtigst, hast du die Basis gelegt, dass die anderen dir Vertrauen entgegenbringen. Du kannst es noch verstärken, in dem du dich gut auf deine Gesprächspartner vorbereitest.

Wer sind sie?

Welche „Sprache" sprechen sie?

Wie ist das Vorwissen?

Welche Gegenargumente/Ängste könnten sie haben?

Je besser es dir gelingt deine Gesprächspartner zu überzeugen, dass du sie kennst, ihre Sprache sprichst und ihre Ängste verstehst und ernst nimmst, desto schneller werdet ihr „auf der gleichen Wellenlänge" sein. Sie werden dir ihre Herzen öffnen und dir zuhören und versuchen dich zu verstehen.

Claudia: »Lustig, ich habe die andere Seite als persönliche Wochenaufgabe bekommen: Gib Menschen eine 2. Chance: Vorsicht mit dem ersten Eindruck.

Bei meinem Gespräch mit Viktoria habe ich ihr erzählt, dass ich in den letzten Jahren die Fähigkeit entwickelt habe, mir blitzschnell einen ersten Eindruck zu bilden. Was gerade in meinem Bereich, wo ich zu 90% mit Menschen telefoniere, die ich nicht kenne, sehr wichtig ist. Doch ich habe mich in letzter Zeit immer öfter dabei ertappt, dass ich von meinem ersten Eindruck nicht abweichen will. Extrem ist mir das letzten Monat aufgefallen. Wir haben eine Firma, die taucht bei mehreren Kunden in der Kundenliste auf, meine Firma hat einen IT-Schwerpunkt. Vor ein paar Monaten kam eine Mitarbeiterin zu mir und beklagte sich darüber, wie unfreundlich dieser Herr am Telefon war. Wir haben kurz gesprochen, sie meinte, sie hat sich wirklich bemüht, doch er hat seinen Ton ihr gegenüber nicht geändert. Als ich das 3. Mal mit dem Namen konfrontiert wurde, weil er jedes Mal unfreundlich war, wollte ich mir selbst ein Bild machen. Beim nächsten Auftrag, wo wir ihn anrufen sollten, erledigte ich den Anruf. Ich machte die gleiche Erfahrung wie meine Mitarbeiterinnen.

Doch irgendetwas machte mich stutzig, ich überlegte für mich, wie ich in das Gespräch gegangen bin. Ich war ehrlich genug zu mir, um zuzugeben, dass ich mich von vornherein auf „Unfreundlichkeit" eingestellt hatte. Daraufhin wollte ich von meinen Mitarbeiterinnen wissen, ob sie ihre Erfahrungen betreffend dieses Kunden weitergegeben hatten. Und so war es auch. Das heißt, bis auf die erste Mitarbeiterin ist niemand von uns unbelastet in das Gespräch gegangen.

Das machte mich nachdenklich, es stellte sich mir die Frage, wie wären die Gespräche verlaufen, wenn wir eine positive Einstellung zu dem Kunden gehabt hätten?«

***

Aufgabe 10: Schluss mit Schubladisieren – Geben Sie anderen eine 2. Chance für den ersten Eindruck

Was glauben Sie, spürt der Kunde unsere Stimmung und Erwartungen?

Welchen Rat geben Sie Claudia und ihren Mitarbeiterinnen?

***

So funktioniert's: Schluss mit Schubladisieren – Geben Sie anderen eine 2. Chance für den ersten Eindruck

Die meisten wissen mittlerweile, dass wenn wir kommunizieren 7% über den bewussten Kanal läuft und 93% über das Unterbewusste.

Nur was bedeutet das? Auch wenn wir den anderen nicht sehen, wissen wir, in welcher Stimmung er ist, ob er lächelt, ob er gehetzt ist ... Nur was bedeutet das im Umkehrschluss? Sehr richtig. Auch der andere spürt unsere Stimmung bzw. Einstellung.

Ich hatte in meinen Berufsanfängen ein Erlebnis, das mir gezeigt hat, wie sehr ich mit dem „Schubladisieren" aufpassen muss. Ich hatte einen Kunden, der für mich den „idealen Kunden" darstellte. Er war stets gut gelaunt, freundlich und höflich, wir hatten immer extrem nette Gespräche. Bis ich eines Tages auch eine andere Seite an ihm kennen lernte. Wir hatten gerade wieder einen Auftrag für diesen Kunden laufen und ich benötigte noch eine Information. Ich rief ihn also an und dann wäre mir fast vor Schreck der Hörer aus der Hand gefallen. Mein absoluter Lieblingskunde war kaum wieder zu erkennen, er klang abweisend, fast schroff. Ich gebe zu, ich dachte mir nicht viel dabei, nur etwas in der Art, dass ich ihn in einem ungünstigen Moment erwischt haben musste, stellte meine Frage und legte wieder auf.

Ich hätte das Ganze auch wieder ganz schnell vergessen, wenn es sich nicht ein paar Wochen später wiederholt hätte. Da dachte ich mir, ich muss reagieren, denn er war nicht nur mein liebster Kunde, sondern auch ein sehr wichtiger.

Deshalb fragte ich ihn: „Herr Maier, darf ich Sie kurz etwas fragen. Ich kenne Sie als extrem freundlichen, zuvorkommenden Menschen. Bei unseren letzten beiden Telefonaten, war es ganz anders. Jetzt gibt es für mich nur 2 Möglichkeiten, die eine ist, ich habe Sie zu einem ungünstigen Zeitpunkt erwischt, die andere, Sie waren irgendwo mit uns nicht zufrieden und haben es mir noch nicht gesagt."

Ich weiß nicht, ob Sie das kennen, wenn jemand sehr vertieft in die Arbeit ist und einen Moment braucht, um in die Realität zurückzukehren – genau so einen Moment durchlief er und sagte: „Das tut mir jetzt leid, nein es war immer alles bestens, ich war nur gerade mit den Gedanken ganz woanders." Und dann bedankte er sich bei mir und sagte, dass er froh ist, dass ich ihn darauf aufmerksam gemacht habe, denn so wie er auf mich gewirkt hat, hat er auch auf jeden anderen Anrufer gewirkt.

Ich habe mir damals gedacht, was wäre passiert, wenn ich ihn so bei unserem allerersten Gespräch erlebt hätte, wäre er dann überhaupt mein Kunde geworden?

Seit damals bekommt jeder von mir bei jedem neuen Gespräch eine neue Chance.

***

Woche 3: Freitag

Sabine: Endlich, das kommt gerade richtig für mich und der Titel gefällt mir auch, obwohl was hat Nein-Sagen mit Respekt zu tun?

Ich lese es mir gleich durch.

Sage Nein und gewinne den Respekt der anderen

Viele Menschen haben ein ganz starkes Bedürfnis: Sie wollen gemocht werden. Wenn hier das Programm „Ich will gebraucht werden" dazukommt, kann es dazu führen, dass diese Menschen, obwohl sie einen vollen Terminkalender haben, sobald sie jemand um einen Gefallen bittet, mit „Ja, mache ich gerne für dich" antworten und sich oft gleichzeitig denken "Um Gottes Willen, wie soll ich das auch noch schaffen".

Wir sind gerne bereit für andere fast Unmenschliches zu leisten, doch wer bleibt auf der Strecke? Ja, genau wir selbst.

Mal ehrlich, ist dir deine „Hilfsbereitschaft" auch immer gedankt worden, oder wird sie von vielen schon als selbstverständlich genommen. Der Weg von „Everybody's Darling" zu „Everybody's Depp" ist nicht weit.

Deshalb, willst du den Respekt der anderen, dann gehe sorgfältig mit deiner Zeit um. Gib dort Unterstützung und Hilfe, wo es deine Zeit zulässt und du es gerne tust und sage „Nein", wann immer es nicht für dich passt.

„Nein"-Sagen ist schwerer, als es klingt. Es gibt uns das Gefühl andere im Stich zu lassen, egoistisch zu sein. Was passiert, wenn wir immer alles für alle tun, irgendwann geht uns die Kraft aus und wir können gar nichts mehr machen, oft gibt uns unser Körper ein Warnsignal, wenn er uns kurzfristig „aus dem Verkehr zieht". Eine große Gefahr, wenn wir nie „Nein" sagen und immer alles für andere tun, ist auch, dass wir uns irgendwann über die Unverschämtheit des anderen ärgern und dann kommt es zum Wutausbruch und unser Gesprächspartner kennt sich nicht aus. Doch ganz ehrlich, wir tragen genauso viel Verantwortung für die Situation, wie der, der uns fragt. Es ist unsere Sache über unsere Zeit zu entscheiden.

Was kannst du tun, damit dir das „Nein"-Sagen leichter fällt.

Ich persönlich habe gute Erfahrung mit folgenden 3 Schritten:

- Ich zeige Verständnis für die Situation des anderen

- Ich erkläre meine Situation

- Ich gebe eine positive Perspektive oder Motivation

Ein Beispiel dazu:

Ich hatte ein Coaching am Arbeitsplatz mit einer Dame, die im Innendienst tätig war. Sie hatte mir im Vorfeld schon erzählt, dass es bei ihr gut läuft, bis auf einen Punkt. Der Außendienstmitarbeiter, der mit ihr im Team zusammenarbeitet, versucht immer seine Aufgaben auf sie abzuwälzen. Am Anfang hatte er sie ab und zu um einen „kleinen Gefallen" gebeten und sie hatte ihm gerne geholfen, doch es wurde immer mehr. Und irgendwann wurde es ihr zu viel, sie musste länger bleiben, damit sie ihre eigene Arbeit schaffte, doch sie wollte nicht unkollegial sein. Er machte ihr das „Nein"-Sagen zusätzlich schwer, indem er seine Bitte immer in Lob verpackte und ihr Anerkennung gab (die ihrer Seele wirklich gut tat). Doch inzwischen wurde sie bei seinen Bitten wütend. Sie erfüllte sie zwar nach wie vor, fühlte sich allerdings ausgenützt und begann bei ihren Kolleginnen über ihn zu schimpfen, um sich Luft zu machen.

Sie sagte zu mir, sie hat das Gefühl, sie ist in einem Teufelskreis gefangen, sie mag ihren Kollegen wirklich und hat Angst, dass sie die gute Beziehung gefährdet, andererseits fühlte sie sich immer mehr überfordert.

Wir machten gemeinsam ein „Trockentraining", das heißt, ich war ihr Kollege, der sie um etwas bat und sie sollte mir sagen, dass es nicht geht. Dabei sollte sie sich an meine 3 Punkte halten:

1) **Verständnis für die Situation des anderen**: So sagte sie zu mir (Kurt): Kurt, ich weiß, wie viel du zu tun hast und dass du gerade jetzt sehr unter Druck stehst.

2) **Eigene Situation**: Da wir beide im Team arbeiten, bedeutet es, wenn du viel zu tun hast, ist es bei mir das gleiche. Ich bin immer sehr bemüht dich zu unterstützen, dass du z.B. deine Angebote rechtzeitig hast. Das schaffe ich allerdings nur dann, wenn ich mich auf meinen Teil unserer Zusammenarbeit konzentriere.

3) **Positive Perspektive**: Ich denke, wenn wir beide unseren Part erfüllen, gelingt es uns am besten unsere Kunden zufriedenzustellen und zu begeistern, was sich dann wieder positiv auf unsere Zahlen auswirkt.

Wir haben uns auch ihre Einstellung und ihr Mindset angeschaut. Denn wichtig ist, dass du, wenn du „Nein" sagst, sicher klingst und davon überzeugt bist, das Richtige zu tun. Nimmt der andere eine Unsicherheit wahr, könnte er versucht sein, dich zu überreden. Achte auf jeden Fall auf den Ton, auch hier gilt „Hart in der Sache, weich zum Menschen", bring dein „Nein" freundlich und klar. Rechtfertigungen sind nicht nötig. Beginne niemals, das geht nicht, weil … Du eröffnest damit nur eine Diskussion.

Ich merkte, wie nervös meine Coaching-Klientin wurde, als sie die Nummer ihres Kollegen am Telefon-Display sah. Und wirklich, es kam wieder eine

Bitte, dieses Mal sollte sie für ihn eine Datenbankre-cherche durchführen. Seine Bitte lautete: „Du bist bei Datenbankrecherchen immer so geschickt und schnell, ich habe heute beim Vorbeifahren 3 Firmen aufge-schrieben, kann ich sie dir schicken und du bist so nett und schreibst mir eine kurze Zusammenfassung? Da-mit könntest du mir wirklich sehr helfen, du weißt ja, was sich beim letzten Meeting abgespielt hat, der Chef macht echt Druck." (Gar nicht so einfach diese Bitte abzuschlagen, oder? Das ist auch ein gutes Beispiel, wie du andere dazu bringen kannst, etwas für dich zu tun.)

Und dann freute ich mich wirklich. Sie erteilte ihm, genauso wie im Vorfeld geübt, charmant, doch voll-kommen klar, eine Absage.

Am anderen Ende der Leitung war kurz nichts zu hören, dann kam ein „Ja ich vergesse immer, wie viel du zu tun hast, ich werde es heute Abend machen …".

Du kannst dir die Erleichterung und Freude meiner Klientin nicht vorstellen. Sie hat dann noch gesagt, „Wenn ich gewusst hätte, dass es so einfach geht, hätte ich das schon viel früher gemacht, ich weiß nicht, wie viele Stun-den Mehrarbeit ich mir damit erspart hätte." Sie war außer sich vor Freude und bedankte sich überschwänglich.

Sie hatte nicht nur gesehen, dass das gute Verhältnis durch ihr „Nein" nicht gelitten hatte, sie hatte zusätzlich noch Anerkennung für ihre Leistung bekommen. Oft übersehen Menschen, wenn wir ihnen regelmäßig etwas abnehmen und uns nie beklagen, wie viel wir leisten. Sie haben das Gefühl, dass wir viel weniger zu tun haben als sie selbst und dass es deshalb ok ist uns ein paar Zusatz-aufgaben zu geben (passiert oft auch im Privaten).

Als Sabine fertig gelesen hat, denkt sie: Das muss ich unbedingt ausprobieren. Wenn ich es so lese, klingt es eh ganz klar, ich hoffe, mir fällt es dann in der Situation ein. Ich habe da schon ein paar Kandidaten. Obwohl Stopp, ich soll ja nicht die Schuld bei den anderen suchen, also heraus aus der Opferhaltung. Ich überlege mir lieber, was ich mit der dadurch gewonnenen Zeit machen werde, regelmäßig eine Runde im Wald spazieren gehen, ganz allein, nur für mich. Das habe ich schon ewig nicht mehr getan, dabei hilft es mir immer den Kopf freizukriegen. Ich nehme jetzt einfach einen „Kredit" auf mein erstes Nein-Sagen und geh gleich heute eine Runde.

***

Aufgabe 11: Nein-Sagen

Gibt es auch für Sie Situationen, in denen Sie sich wünschen Nein zu sagen?

Was würde sich für Sie verändern?

Aus welchen Gründen haben Sie in der Vergangenheit auf das „Nein" an richtiger Stelle verzichtet?

Was wollen Sie in Zukunft ändern?

***

Woche 3: Freitag

Stefan liest seine Wochenaufgabe: „Erleichtere anderen das Zuhören". Da bin ich mal gespannt. Ich beneide immer die Kollegen aus dem Marketing, die haben's leicht. Klar hört jeder zu, wenn es um so nette Ideen geht, wie wir in Zukunft unsere Verkäufe ankurbeln, dann noch die Bilder von fröhlichen Menschen für die neue Kampagne. Und sobald ich mit meinen Zahlen komme, merke ich schon, wie die anderen die „Tagträum"-Position einnehmen. Erst letztens habe ich Doris dabei ertappt, wie ihr die Augen zugefallen sind. Das ist echt frustrierend, dabei gebe ich mir immer so viel Mühe mit den Folien. Wie oft bin ich schon am Wochenende gesessen, um sie noch ansprechender zu gestalten. Doch wird es mir gedankt? Nein. Spätestens 3 Minuten, nachdem ich zu sprechen beginne, beginnen die ersten auf die Uhr zu schauen oder zu gähnen. Da muss ich echt etwas ändern. Doch wie soll das funktionieren? Zahlen sind nun einmal trocken.

***

Aufgabe 12: Motivieren Sie andere Ihnen zuzuhören

Stefan bezieht das Thema auf Zuhören bei Präsentationen.

Was raten Sie ihm?

Was macht Ihnen Zuhören leicht?

Was macht es schwer?

***

So funktioniert's: Motivieren Sie andere Ihnen zuzuhören

Ich hatte vor ca. 2 Jahren einen Coaching-Klienten, Controller eines international tätigen Konzerns. Er war ein sehr angenehmer Gesprächspartner, sehr humorvoll mit einer positiven Ausstrahlung. Er schilderte mir das gleiche Problem wie Stefan oben.

Ich fragte ihn: „Wie empfinden Sie selbst Ihren Vortrag?" Er antwortete: „Dem Thema angepasst, die anderen erwarten bei mir keine Unterhaltung, sie wollen die Fakten kennenlernen." In diesem einem Satz passierte etwas Interessantes: Davor hatte mein Klient eine angenehme Stimm-Modulation, doch plötzlich wurde seine Stimme monoton. Mein erster Gedanke war: Eine CD in diesem Tonfall und es gäbe keine Einschlafprobleme mehr.

Meine nächste Frage war: „Was gefällt Ihnen an Ihrer Arbeit mit Zahlen?" und wie durch Zauberhand, die Energie und Begeisterung in der Stimme waren wieder da.

Was war passiert? Mein Klient hatte für sich den Glaubenssatz: Andere finden Zahlen langweilig. Und er tat auch alles dafür, dass andere genau das empfanden.

Als er das erkannt hatte, war der Rest ein Kinderspiel. Er übertrug die Begeisterung, die er tatsächlich für seine Arbeit empfand, auf seine Präsentationen, würzte das Ganze mit kurzen Geschichten und die Erfolgsmeldung ließ nicht lange auf sich warten. Nach ein paar Wochen gestand er mir, dass er mittlerweile viel weniger Zeit in die Vorbereitung der Folien investierte, seine Präsentationen dennoch viel besser ankamen als früher. Besonders hat er sich gefreut, als ihn ein Kollege um Präsentationstipps bat.

Wie erhöhen Sie die Aufmerksamkeit Ihrer Zuhörer?

Beginnen wir bei Ihnen: Wie schaut es mit Ihrer Einstellung zum Präsentieren aus? Macht es Ihnen Spaß, oder ist es lästige Pflicht oder sogar mit Unwohlsein und Angst verbunden? (siehe Kapitel Glaubenssätze)

- *Wer sind Ihre Zuhörer und was interessiert sie?*
- *Welches Vorwissen haben Ihre Zuhörer?*
- *Was ist die Botschaft, die Sie vermitteln wollen?*

Befassen Sie sich mit Ihrer Zielgruppe*: Ich erlebe oft Vortragende, die das präsentieren, was sie selbst interessiert und dabei auch das eigene Wissen voraussetzen. Bei jeder Präsentation geht es immer nur um die Frage, was interessiert meine Zuhörer, bzw. wie kann ich meinen Vortrag so gestalten, damit ich ihr Interesse wecke? Welche Fragen wollen sie beantwortet haben? Wo ist der Nutzen für sie?*

Vermitteln Sie die Inhalte so einfach wie möglich*: Dinge kompliziert auszudrücken ist relativ einfach, wirklich schwierig ist es, sie so auf den Punkt zu bringen, dass sie jeder verstehen kann. Oft sind Präsentationen mit Fremd- und Fachwörtern überladen, es gibt noch immer Menschen, die glauben, dass sie dann kompetenter wirken. Doch was passiert? Die wenigsten Zuhörer geben zu, dass sie etwas nicht verstehen und fragen deshalb nicht. Da es für sie aber keinen Sinn hat, weiter zuzuhören, schalten sie auf Durchzug.*

Konzentrieren Sie sich auf die Kernbotschaft(en)*: Überlegen Sie im Vorfeld genau, was ist das Wichtigste, dass Ihre Zuhörer mitnehmen sollen, Ihre Kernbotschaft.*

Konzentrieren Sie sich auf diese. Der Grundsatz „Keep it short and simple" trifft auf Präsentationen zu 100% zu. Versetzen Sie sich in die Lage Ihrer Zuhörer, wie lange können Sie selbst aufmerksam zuhören? Und einmal Hand aufs Herz, sind Ihnen nicht auch die Vortragenden am liebsten, die sich kurz halten, klar in ihrer Aussage sind und auf den Punkt kommen?

Erzeugen Sie Spannung durch Ihren Stimmeinsatz: Zu 38% entscheidet unsere Stimme, was beim anderen ankommt. Ein einfaches Beispiel: Welche Information erhalten Sie, von der Art wie jemand Ihren Namen ruft? Freut sich derjenige Sie zu sehen, oder ist er verärgert? Sie sehen, es reicht ein einziges Wort, in diesem Fall Ihr Name, und der Inhalt ist ein vollkommen anderer, je nachdem wie ich es intoniere. Oft passen Vortragende Ihre Stimme dem Inhalt an. Wenn eher „trockene" Inhalte wie Zahlen, Daten, Fakten präsentiert werden, verwenden viele eine monotone Stimme. Haben Sie schon einmal erlebt, wie anstrengend das für die Zuhörer ist. Es gibt allerdings auch Vortragende, die es verstehen, Ihre Zuhörer unabhängig vom Thema mitzureißen. Sie verwenden verschiedene Stilmittel: Stimm-Modulation, Sprechtempo, Lautstärke, Betonung, Sprechrhythmus und ganz wichtig – Pausen.

Interagieren Sie mit Ihren Zuhörern: Beziehen Sie Ihre Zuhörer ein, stellen Sie Fragen. Achten Sie dabei darauf, dass Sie auf jede Wortmeldung wohlwollend reagieren. Das ist nicht immer einfach, doch tun Sie es nicht, wird niemand mehr auf Ihre Fragen antworten. Mir hilft dabei die Geschichte von Friedrich Torberg aus „Die Tante Jolesch" sehr: „Der Erzherzog wird geprüft". Das soll ein beliebtes Spiel der Kaffeehaus-Literaten gewesen sein. Es funktioniert folgendermaßen, einer ist der Erzherzog, der, da er der Sohn des Kaisers ist, immer Recht hat, ein zweiter ist der Lehrer, der den Erzherzog prüft. Der Lehrer stellt eine Frage und der Erzherzog antwortet möglichst unsinnig; die Aufgabe des Lehrers ist, dass er erklärt, aus welchem Grund die Antwort stimmt. Ein Beispiel, Frage: Wie lange dauerte der 30-jährige Krieg. Antwort: 25,5 Jahre. Begründung des Lehrers: Ja, das stimmt exakt, denn wenn man von den 30 Jahren sämtliche Waffenpausen, Feiertage und Ähnliches abzieht, hat er genau 25,5 Jahre gedauert. Das ist oft eine Gratwanderung, denn auf der einen Seite wollen Sie die Antwort wertschätzen, auf der anderen Seite sollten die restlichen Teilnehmer nicht an Ihrer Kompetenz zweifeln. Ich habe für besonders heikle Fälle 1-2 Standardsätze, z.B. „Vielen lieben Dank für Ihre Sichtweise ..." Setzen Sie diesen Satz niemals mit „aber", „trotzdem" oder Ähnlichem fort, sonst machen Sie den ersten Teil zunichte.

Eine weitere Möglichkeit Ihre Zuhörer einzubinden, ist sie aufzufordern etwas zu erzählen. Z.B. dazu hat mir Sepp letzte Woche etwas erzählt, Sepp bist du so nett und wiederholst es nochmals für alle ...

Verwenden Sie Medien mit Maß und Ziel: Es gibt Präsentationen, da werden Sie mit Powerpoint – Folien regelrecht erschlagen, sowohl was die Anzahl als auch die Menge der Information auf den einzelnen Folien betrifft. Menschen sind Augen-Tiere, sobald uns ein optischer Reiz geboten wird, ist unsere Konzentration genau dort. Deshalb führen zu dicht beschriebene Folien dazu, dass Ihre Zuhörer zu Lesern werden und wir alle können zur gleichen Zeit nur eins, lesen oder zuhören. Schreiben Sie die wichtigsten Stichwörter auf und sprechen Sie dazu.

Beachten Sie diese Punkte und Ihre Zuhörer hängen an Ihren Lippen.

Woche 4: Mittwoch

Gesamtgruppe

Viktoria: »Wie ist es euch mit der Wochenaufgabe positive Stimmung auf andere zu übertragen gegangen?«

TN A: Mir ist etwas Unglaubliches passiert, bei mir gleich ums Eck wohnt eine Dame, die hat immer so grantig dreingeschaut, wenn sie mich mit meinen Kindern gesehen hat. Ich habe geglaubt, sie kann Kinder nicht leiden. Daher habe ich mir gedacht, sie ist ideal für die Wochenaufgabe und habe begonnen, sie sehr freundlich zu grüßen. Am Mittwoch, als ich sie mit schweren Einkaufstaschen sah, bin ich zu ihr gegangen und habe ihr meine Hilfe angeboten. Nach kurzem Zögern hat sie angenommen. Als ich ihr die Einkaufstaschen abnahm, leuchtete ihr Gesicht auf und dann traute ich meinen Ohre nicht, sie sagte:" Ich freue mich immer so, wenn ich sie mit ihren Kindern sehe. Ich habe eine Enkelin, die muss ungefähr im gleichen Alter sein, doch ich habe sie bereits über 1 Jahr nicht gesehen, meine Tochter will es so. Sie hat jeden Kontakt zu uns abgebrochen, ich weiß nicht wieso, davor war die Kleine an 4 Nachmittagen bei uns, sie fehlt mir so." Sie hatte Tränen in den Augen. „Immer wenn ich ihre Kinder sehe, muss ich an sie denken." Wir redeten noch ein bisschen. Und dann sagte sie zu mir: „Falls Sie einmal jemanden für ihre Kinder brauchen, sagen Sie es mir, ich würde mich sehr freuen." Ich kann nicht beschreiben, wie wertvoll dieses Angebot für mich ist, ich habe keine Großeltern in der Nähe und manchmal ist es gar nicht so leicht, jemanden zu finden. Ich habe sie für die nächsten Tage zum Kaffee eingeladen.

Dieses Erlebnis hat mich noch lange beschäftigt. Ich habe für mich gelernt, dass ich wirklich aufpassen muss, die Mimik anderer zu interpretieren. Das, was ich für Grant gehalten habe, war eine tiefe Traurigkeit. Dadurch dass ich den ersten Schritt gemacht habe, habe ich eine extrem liebenswerte Frau kennengelernt. Und dass ich, wenn ich „Sonnenschein" ins Leben anderer bringe, es vielfach zurückbekomme, hat sich hier bewahrheitet. Als sie bei uns war, hat sie mit meinen Beiden gespielt, es war total harmonisch, das heißt, mein Kinderbetreuungsproblem hat sich einfach so nebenbei gelöst. Ich bin wirklich dankbar für diese Anregung und werde sie in Zukunft öfter umsetzen. Es ist auch ein schönes Beispiel für die 2. Chance.

TN B: Ich habe ein paar lustige Erlebnisse gehabt. Ich fahre immer mit der U-Bahn und dachte mir ein bisschen gute Laune schadet da niemanden, vor allem in der Früh. Ich habe die Menschen einfach freundlich angelächelt. Die Reaktionen waren sehr unterschiedlich, die schlimmste war „Was schaust so bled", Irritation habe ich bei vielen ausgelöst und einige haben zurückgelächelt und auch als sie sich dann wieder weggedreht haben, ist ihnen das Lächeln geblieben. Ich finde das Experiment lustig und werde es sicher weiter machen, denn ich gebe zu, ich habe mich über jedes Zurücklächeln gefreut. Irgendwie bin ich mir ein bisschen wie ein Magier vorgekommen, der anderen ein Lächeln ins Gesicht zaubern kann, ein echt gutes Gefühl und der beste Nebeneffekt war, dass ich selbst auch merklich besser aufgelegt war als normalerweise um diese Uhrzeit.

TN C: Ich habe das Gefühl, dass ich viel besser gelaunt bin, seit ich darauf achte. Ich wurde auch von Kollegen und Freunden schon angesprochen, was los ist, weil ich seit Tagen so ein breites Lächeln im Gesicht habe. Die Tipps gingen von frisch verliebt, über Lottogewinn bis zum geplanten Urlaub. Mir selbst fällt es gar nicht mehr auf, es fühlt sich einfach gut an und ich will es gar nicht mehr anders.

Viktoria: »Was für wunderschöne Erfahrungen, das freut mich wirklich, ihr seid großartig.

Ich bin schon neugierig, wie es euch mit der nächsten Wochenaufgabe geht. Gebt mir mal kurz ein Zeichen in den Chat, wer von euch wird, aus seiner Sicht, ausreichend gelobt. Ja, so ein Ergebnis habe ich schon erwartet, jedes Mal, wenn ich diese Frage stelle, ist die Antwort, dass die meisten aus ihrer Sicht viel zu wenig gelobt werden. Und dann haben wir noch alle als Kinder gelernt, Eigenlob stinkt. Also wir bekommen weder ausreichend Lob von anderen, noch dürfen wir wirklich stolz auf unsere Leistungen sein. Diese Woche ersetzt ihr den eingelernten Spruch „Eigenlob stinkt" durch „Selbstlob stärkt." Seid stolz auf eure Leistungen, klopft euch selbst auf die Schulter. Hier geht es nicht um Arroganz, sondern darum sich bewusst zu machen, was du selbst leistest. Aus welchem Grund ist das wichtig?«

Chat: Selbstbewusstsein

»Genau, glaubt ihr, dass eure Gesprächspartner das merken? Das ist genau die Ausstrahlung, die ihr braucht, um Kompetenz zu vermitteln.

Was mir sehr geholfen hat, war das Führen eines Erfolgstagebuchs. Da trage ich jeden Abend ein: Was ist mir heute besonders gut gelungen ist, worauf bin ich stolz. Erstens ist das ein wunderbarer Tagesabschluss und außerdem wenn ihr einmal nicht so einen guten Tag hattet, könnt ihr in euren Erfolgen nachlesen, das ist Balsam auf der Seele. Probiert es aus, ich freue mich schon darauf zu erfahren, wie es euch damit gegangen ist. Falls ihr Fragen habt oder Unterstützung braucht, kontaktiert mich gerne. Ich wünsche euch eine tolle Woche mit viel Lob!«

***

Claudia später am Abend.

Gar nicht so leicht, ich bin selten zufrieden mit dem, was ich mache, aber ich werde es auf jeden Fall ausprobieren, bis jetzt haben die Dinge alle gut funktioniert und ich bin echt überrascht, was sich in so kurzer Zeit ändert.

So, da ist das Heft, das ich dafür verwenden werde. Gleich einmal zur ersten Frage: Was ist mir heute gut gelungen? Puh, da fällt mir gerade gar nichts ein, warum darf ich nicht die Frage beantworten: Was ist heute echt schief gelaufen? Da hätte ich so einiges, doch daran sollte ich jetzt nicht denken. Obwohl, das eine Telefonat, liegt mir jetzt noch im Magen. Moment mal, wenn ich richtig überlege, kann ich das auch als Erfolg anführen, ich bin das ganze Gespräch hindurch freundlich geblieben, obwohl es mir mein Anrufer nicht leicht gemacht hat. Juhu, ich habe den ersten Punkt. Ich habe heute 3 Termine mit Neukunden ausgemacht ... Super, wenn der Fokus einmal auf Erfolg liegt, dann ist es gar nicht so schwer und es fühlt sich echt gut an, statt die Missgeschicke nochmal durchzukauen, sich auf das Positive zu konzentrieren. Das gefällt mir. Vielleicht hilft es mir auch ein bisschen von meinem Perfektionismus wegzukommen. Obwohl ich habe das nie so gesehen. Nur in letzter Zeit bekomme ich immer häufiger dieses Feedback. Für mich war es immer nur, meine Arbeit möglichst gut zu machen, aber ok, da gibt es einfach verschiedene Sichtweisen dazu.

Diese Übung gefällt mir, die werde ich beibehalten.

Woche 4: Donnerstag

Max freut sich bereits auf das Gruppentreffen: Mittlerweile ist der Gruppentreff für mich, als ob wir uns schon ewig kennen, es macht einfach Spaß gemeinsam diesen Weg zu gehen. Mir gefällt auch die Ehrlichkeit und das Vertrauen, ich kann meine Hoppalas einfach erzählen. Wenn ich ehrlich bin, normalerweise erzähle ich nur meine „Heldenstorys", mir war es schon immer sehr wichtig möglichst gut dazustehen. Hier in der Gruppe erlebe ich, wie gut es tut alle Facetten mit anderen zu teilen. Über die kleinen und auch größeren Missgeschicke gemeinsam zu lachen, auch Verständnis und Tipps zu bekommen, wenn es einmal nicht so gut läuft und besonders schön empfinde ich die ehrliche Freude, wenn etwas gelingt. Da ist nicht die geringste Spur von Neid dabei. Ich glaube, ich weiß jetzt auch, warum andere mich oft für arrogant gehalten haben und es für mich so schwer war neue Freundschaften zu knüpfen. Aus lauter Angst Schwäche zu zeigen, habe ich immer den „Strahlemann"heraushängen lassen, das kommt einfach nur bedingt gut. Allein wegen dieser Erkenntnis bin ich mir dankbar, dass ich den Kurs mache! Obwohl wir erst bei 2/3 sind, hat sich noch viel mehr getan, als ich anfangs erwartet habe. Ich muss den anderen heute einfach einmal sagen, wie gut sie mir tun und wie dankbar ich ihnen bin.

19h: Max: » Darf ich heute beginnen? Ich möchte euch einfach einmal sagen, wie dankbar ich euch bin, ihr seid mittlerweile ein wertvoller Teil meines Lebens und ich hoffe sehr, dass wir auch nach Ende dieses Kurses in Kontakt bleiben. Es wäre fein, wenn wir unsere Treffen aufrechterhalten können, denn mir hilft es wirklich, mit euch über die Dinge zu reden, eure Meinung zu hören, manchmal tut es einfach gut, jemanden zu haben, der so wohlwollend zuhört wie ihr ...«

Sabine geht in Gedanken das heutige Treffen nochmals durch: Wow, bei Max' Worten ist mir richtig das Herz aufgegangen, bei ihm hätte ich am allerwenigstens mit so etwas gerechnet, doch er hat mir aus der Seele gesprochen und ich bin wirklich froh, dass auch Claudia und Stefan sofort für weitere Treffen waren. Ich habe mich heute den ganzen Tag auf das Treffen gefreut und bin auch sehr dankbar, für das Feedback, das ich erhalten habe, obwohl ich zuerst schlucken musste, doch dann habe ich eingesehen, dass das, was sie sagen, seine Berechtigung hat. Vor allem Claudia, ich finde es nur so extrem unangenehm etwas zu fordern, deshalb habe ich das Gespräch wegen der Aufnahme in das Führungskräfte-Entwicklungsprogramm auch immer wieder verschoben, doch jetzt reicht es. Seit ich letzte Woche erfahren habe, dass der neue Kollege einfach so teilnehmen darf, ist für mich der Punkt gekommen meine Schüchternheit zu überwinden. Und es stimmt schon, dass derartige Angebote auch Wertschätzung widerspiegeln, so wie Claudia gesagt hat.

***

Aufgabe 13: Karrieregespräch

Welche Tipps haben Sie für Sabine?

Wie soll sie vorgehen?

***

So funktioniert's: Karrierege-spräch

- Einstellung: Sind Sie sicher, dass Sie reif für den nächsten Karriereschritt sind?

Beantworten Sie die Frage jetzt nicht einfach mit „Ja", sondern überlegen Sie wirklich.

Solange Sie nicht zu 100% überzeugt sind, machen Sie bitte keinen Termin aus.

- *Wofür haben Sie eine Chance auf Weiterentwicklung verdient? Machen Sie sich eine Liste mit allen Ihren Leistungen, bitte keine falsche Bescheidenheit und schreiben Sie auch Dinge auf, die für Sie „selbstverständlich" sind. Das ist ein weitverbreiteter Fehler, den viele selbstkritische Menschen machen. Sie sehen vieles nicht als Leistung und erwähnen es nicht. Die Führungskraft bekommt nicht immer alles mit und wenn Sie es nicht anführen, wird es oft nicht berücksichtigt.*

- *Überlegen Sie, welche Argumente können von Ihrem Vorgesetzten kommen? Waren irgendwelche Vorfälle, die gegen den nächsten Schritt auf Ihrer Karriereleiter sprechen?*

- *Wie werden Sie mit diesen Argumenten umgehen, was werden Sie antworten?*

- *Aus meiner Erfahrung weiß ich, es können Sie nur Argumente „aushebeln" oder verunsichern, die Sie sich im Vorfeld nicht überlegt haben, von denen Sie überrascht werden. Haben Sie das Szenario bereits im Kopf durchgespielt, können Sie, wenn es tatsächlich kommt, locker und entspannt reagieren. Es gibt auch eine enorme Sicherheit, wenn Sie wissen, Sie haben sich auf alle Eventualitäten* vorbereitet. Das spürt auch der andere und allein diese Sicherheit führt oft dazu, dass keine Gegenargumente kommen.

• Was ist Ihr Ziel? Formulieren Sie immer ein Maximal- und ein Minimalziel. Wie wollen Sie damit umgehen, falls es das Minimalziel wird? Eine Möglichkeit ist, das Maximalziel an die Erfüllung von Abmachungen zu binden. In unserem Beispiel: Das Maximalziel für Sabine ist, dass sie das nächste Führungskräfteprogramm mitmachen kann. Ihr Minimalziel kann sein, dass sie noch 1 Jahr wartet, weil ihr Vorgesetzter meint, dass sie aus seiner Sicht noch nicht so weit ist. In so einem Fall ist es wichtig zu wissen, woran ihr Vorgesetzter erkennt, dass sie „so weit ist". Stellen Sie die Frage und halten Sie die Antwort schriftlich fest.

***

Woche 4: Freitag

Sabine ist sehr zufrieden mit sich, das Gespräch ist erfolgreich verlaufen.

Juhu, ich bin so stolz auf mich, ich habe mein Maximal-Ziel erreicht!!! Ich habe mich bei dem Gespräch so sicher und stark gefühlt und war 100% überzeugt, dass das Führungskräfte-Entwicklungsprogramm jetzt für mich der nächste logische Schritt ist. Ich glaube, das habe ich auch ausgestrahlt, denn es war eigentlich keine Verhandlung, sondern mein Chef hat mir zugehört und als ich ihm meine „Leistungsliste" gezeigt habe, hat er kurz geschmunzelt und gemeint, „Sie haben sich aber gut vorbereitet". Bei meiner Antwort „Selbstverständlich, es ist auch ein wichtiges Anliegen für mich", ist sein Grinsen noch breiter geworden und er hat einfach „Ok" gesagt und das war's. Ich nehme bereits an dem Programm teil, das kommendes Wochenende startet. Das tut einfach gut, ich habe erstmals seit langem wieder das Gefühl, dass meine Arbeit für die Firma geschätzt wird.

***

Woche 5: Mittwoch

Gesamtgruppe

Viktoria: »Wie ist es euch mit „Selbstlob" und Erfolgstagebuch gegangen?«

Chat:

T1: Das war der Wahnsinn, an manchen Abenden war ich richtig stolz auf mich, ich war mir bisher gar nicht bewusst, wie viel ich schaffe.

T2: Das war toll!

T3: Super!

T4: Ich habe das auch so erlebt, ich hatte teilweise das Gefühl zu schweben.

Viktoria: »Ich freue mich sehr, dass ihr wieder so positive Erfahrungen gemacht habt. Jetzt kommt gleich die Aufgabe für die nächste Woche, denn so wie ihr zu wenig gelobt werdet, geht es auch eurem Umfeld. Wir rufen „Die Woche des Lobens" aus. Dabei geht es darum, anderen zu sagen, was sie aus eurer Sicht besonders gut machen. Doch Achtung vor Allgemeinplätzen, „Das hast du gut gemacht" bringt niemanden weiter und berührt auch nicht. Überlegt ganz genau, wofür ihr andere loben wollt und sprecht es aus. Eure Aufgabe ist 1 Woche lang zumindest 1 Menschen pro Tag ein Lob auszusprechen.«

Chat:

T: Aber wirkt das nicht seltsam, so als ob ich schleimen will?

Viktoria: »Deshalb ist es wichtig, dass ihr genau wisst, wofür ihr jemanden lobt und dass es wirklich von Herzen kommt. Unechtes Lob wird vom anderen als solches enttarnt und ist schlechter, als gar nichts zu sagen.«

***

Stefan denkt über die neue Aufgabe nach: Ich glaub, da war mir das Selbstlob noch lieber, ich bin nicht so der Komplimente –Typ, aber ich werde es ausprobieren. Am Wochenende sind wir bei den Schwiegereltern eingeladen, vielleicht kann ich ja beim Essen anfangen, denn meist ist es wirklich sehr gut.

***

Woche 5: Freitag

Max freut sich bereits auf seine persönliche Wochenaufgabe: Ich bin schon wirklich gespannt auf die Tipps dieser Woche. Es geht darum schnell einen guten Draht aufzubauen. Bei mir dauert das immer relativ lang und ich glaube bei manchen kommt es gar nicht so weit, da vertue ich mir die Chance gleich am Anfang.

Aufgabe 14: Der gute Draht zu Ihrem Gesprächspartner

Was sind Ihre Erfolgsrezepte, um einen guten Draht zu Ihrem Gesprächspartner zu bekommen?

So funktioniert's: Der gute Draht: So kommen Sie schnell auf die gleiche Wellenlänge

Einige, der bereits angeführten Punkte unterstützen hier, z.B. Erster Eindruck, Aktives Zuhören. Denken Sie an Ihre sympathische, kompetente Ausstrahlung, stellen Sie den anderen ins Zentrum Ihres Interesses, indem Sie Fragen stellen und hören Sie zu.

Hier noch ein paar weiterführende Tipps:

- *Sprechen Sie über Hobbies und Interessen Ihres Gesprächspartners*

- *Spiegeln: Sie kennen sicher das Sprichwort „Gleich und Gleich gesellt sich gern". Das heißt, zu Menschen, die Sie als ähnlich erleben, haben Sie einen einfacheren, schnelleren Zugang, Sie empfinden eher Sympathie.*

Was kann ich alles spiegeln?

- Körpersprache: Sie können eine ähnliche Haltung wie Ihr Gesprächspartner einnehmen

- Sprache: Tempo, Lautstärke (ausgenommen Schreien ;-)), Wörter (Wenn Sie die Wörter Ihres Gesprächspartners verwenden, geben Sie ihm das Gefühl „in seiner Sprache zu sprechen")

Setzen Sie das Spiegeln wohldosiert ein, es soll ein Impuls ans Unterbewusste sein und nicht, dass der andere vermuten könnte, Sie machen sich über ihn lustig.

- *Einsatz von VAKOG*

Unsere Sprache verrät, welches unser bevorzugtes Sinnessystem ist, mit dem wir Informationen aufnehmen.

So gibt es unterschiedliche Möglichkeiten z.B. unsere Zustimmung auszudrücken:

Das schaut gut aus.	*Visuell*
Das klingt gut.	*Auditiv*
Das gibt mir ein gutes Gefühl.	*Kinästhetisch*
Dafür habe ich einen Riecher.	*Olfaktorisch*
Das ist ganz nach meinem Geschmack.	*Gustatorisch*

Gelingt es Ihnen das/die bevorzugten Sinnessystem/e (meist sind es 2) Ihres Gesprächspartners zu erkennen, dann können Sie mit ihm in seinem bevorzugten System kommunizieren und erhöhen damit die Aufnahmebereitschaft.

Umgang mit den 3 Hauptsinnessystemen

- Visuell: Verwenden Sie eine sehr bildreiche Sprache oder noch besser: Zeigen Sie Ihren Gesprächspartnern etwas.

- Akustisch: Hier reicht es viel zu reden. ☺◆

- Kinästhetisch: Diese Menschen erreichen Sie am besten über Ihr Gefühl, je besser es Ihnen gelingt Emotionen anzusprechen, desto einfacher wird die Unterhaltung. Das sind auch Menschen, die gerne etwas zum Angreifen haben.

• Bestätigen Sie Ihrem Gesprächspartner, dass Sie ihn verstehen, das kann durch sogenannte Rückkoppelungsfragen passieren (z.B. Habe ich Sie richtig verstanden …). Das tut einfach gut.

Max, nachdem er fertig gelesen hat: Puh, das ist eine ganze Menge, da kann ich einiges tun. Ich glaube, ich beginne einmal mit dem Spiegeln, aber da müssen meine Freunde als Versuchskaninchen herhalten, heute am Abend ist gleich eine gute Gelegenheit. Ich bin neugierig, ob ihnen etwas auffällt.

***

Woche 6: Dienstag

Treffen Kleingruppe:

Claudia: » Wie geht es euch mit der allgemeinen Wochenaufgabe? Ich gebe zu, ich habe noch nicht begonnen, jedes Mal, wenn ich bis jetzt jemanden loben wollte, hatte ich das Gefühl, das passt nicht.«

Stefan: »Ich war zuerst auch skeptisch, doch dann habe ich mir gedacht, ich beginne einmal im Privaten, nach dem Motto, die Familie muss mich immer mögen ;-)

Wir waren am Sonntag bei den Schwiegereltern zum Mittagessen eingeladen. Meine Schwiegermutter ist eine hervorragende Köchin und tut sich immer wirklich viel an, doch bisher haben wir einfach gegessen, ohne etwas dazu zu sagen, ich habe mir immer gedacht, sie sieht eh, dass es uns schmeckt. Am Sonntag gab es Lamm mit Kartoffelgratin, das Lamm war so zart und unglaublich gut und genau das sagte ich ihr. Und dann, das war wirklich unglaublich, wurde sie leicht rot und begann zu strahlen und bedankte sich überschwänglich für mein Lob. Ich kann nur sagen, ihre Freude kam direkt zu mir zurück und es war ein schönes Gefühl, jemandem auf so einfache Weise eine Freude zu machen.

Davon noch motiviert habe ich am Montag dann auch gleich noch meinen Kollegen gelobt. Er hat für mich einen Bericht optisch aufbereitet und es war wirklich der Hammer. Früher hätte ich einfach „Danke" gesagt, doch gestern sagte ich zu ihm, wie sehr er mir damit geholfen hat, denn durch seine Aufbereitung erklärt sich der Bericht von selbst und dass ich sehr beeindruckt bin, wie gut er sich mit dem Programm auskennt. Auch bei ihm war die Freude spürbar und er hat mir angeboten, dass er mir jederzeit gerne wieder hilft.«

***

So funktioniert's: Loben

Auch Loben (bzw. Komplimente machen) will gelernt sein

Ein Zitat, das viel Wahrheit in sich trägt:

Ich hörte mich gelobt

Dir danken wollt ich schon;

Jetzt lobst Du jeden Wicht,

beschämt schleiche ich davon.

(Quelle unbekannt)

• Sagen Sie dem anderen genau, was Sie toll finden

• Sehen Sie Lob niemals als Mittel zum Zweck, um den anderen „einzuwickeln"

• Machen Sie keine zu große Sache daraus

• Loben Sie nur, wenn Sie es wirklich so meinen (das soll aber nicht als Entschuldigung dienen, niemals zu loben, weil es bei anderen nichts Lobenswertes gibt)

Lob kann eine sehr starke Motivation sein. Es funktioniert meist besser, wenn ich bei anderen ein für mich wünschenswertes Verhalten verstärken will als Kritik. Was nicht heißt, dass Sie nicht kritisieren dürfen, wenn es angebracht ist.

Dazu sagte kürzlich eine Coaching-Klientin zu mir, die gerade massive Probleme mit einer ihrer Mitarbeiterinnen hatte. „Wenn sie ihre Arbeit gut erledigen, ist das für mich selbstverständlich, dafür bezahle ich sie ja. Es dauert bei mir allerdings auch sehr lange, bis ich kritisiere. Ich schaue lange zu, bis es mir reicht. Dann kommt die Kritik aber leider oft sehr massiv. Das hat auch zu den aktuellen Problemen mit meiner Mitarbeiterin geführt, sie weiß ja gar nicht, wie oft ich das heruntergeschluckt habe."

Und genau da liegt der Fehler: Kritik bringen Sie am besten gleich und kontextbezogen an, wenn Sie selbst ruhig sind und Sie sachlich und vor allem freundlich formulieren können. Viele Menschen (auch Führungskräfte) scheuen sich davor Kritik auszusprechen. Sie ist bei den meisten sehr negativ besetzt. Dabei kann sie denjenigen, der kritisiert wird, dabei unterstützen sich weiterzuentwickeln. Eines ist allerdings wichtig: Sagen Sie immer auch, wenn Sie etwas gut finden, denn sonst geben Sie anderen das Gefühl, dass Sie nur die Fehler wahrnehmen und Leistung überhaupt nicht zu schätzen wissen. Vielen Menschen fehlt dann die Wertschätzung, was mittlerweile mit zu den Gründen zählt, weshalb Menschen in ein Burnout schlittern. Oft wird der Fehler gemacht, dass Menschen nicht sofort etwas sagen, sondern erst, wenn es ihnen wirklich reicht und dann wird ihr Gesprächspartner von der Heftigkeit überrascht.

Und einmal ehrlich, wie soll der andere wissen, dass Sie etwas stört, wenn Sie kommentarlos zuschauen. Deshalb sprechen Sie rechtzeitig und sofort mit den Menschen in Ihrem Umkreis, gleich ob Sie loben oder kritisieren wollen.

Der Betrieb meiner Klientin ist ein typischer Kleinstbetrieb, sie arbeitet gemeinsam mit 2 Mitarbeiterinnen. Viele glauben, da ist Führungskompetenz nicht nötig. Das ist vollkommen verkehrt, sobald Sie Mitarbeiter haben, gehört es zu Ihrer Verantwortung als Führungskraft, diese auch zu führen.

Wir haben gemeinsam folgende Veränderungen erarbeitet:

• Meine Klientin hat begonnen mit jeder Mitarbeiterin einzeln Gespräche zu führen. Anfänglich haben die Mitarbeiterinnen leicht irritiert reagiert, doch sie begannen die 2er-Gespräche zu schätzen. Das ist eine einfache und sehr effektive Methode, den Mitarbeitern gegenüber Wertschätzung auszudrücken, denn Zeit ist ein knappes Gut.

• Sie hat begonnen zu loben. Sie hat gesagt, das hatte einen besonders positiven Effekt, die verbesserte Stimmung war sofort spürbar. Sie hatte das Gefühl, dass ihre Mitarbeiterinnen „gewachsen" sind. Diese Wirkung erlebe ich immer wieder: Sobald ich bei Menschen den Fokus auf das Positive lege, leben sie sichtbar auf und verhalten sich auch anders.

***

Fortsetzung Kleingruppentreffen

Claudia: »Meine persönliche Wochenaufgabe ist „Small Talk". Wie geht es euch mit dem Thema? Ich gehe zwar immer wieder zu Veranstaltungen, habe auch ausreichend Visitenkarten mit, doch erstens fällt es mir schwer mit anderen ins Gespräch zu kommen und dann weiß ich auch nie, wie ich vom oberflächlichen Small Talk zum Business Talk komme. Ich will nicht aufdringlich sein, doch eigentlich ist mein Ziel bei solchen Veranstaltungen berufliche Kontakte zu knüpfen.«

Sabine: »Ins Gespräch zu kommen und über Belangloses zu plaudern, also der klassische Small Talk, fällt mir leicht. Nur dabei bleibt's bei mir dann auch meistens.«

Aufgabe 15: Small Talk

Wie schaffen Sie den Einstieg ins Gespräch mit Fremden?

Wie gelingt Ihnen der Schwenk vom Small Talk zum Business Talk?

***

So funktioniert's: Mit Small Talk bei Veranstaltungen ins Gespräch kommen

• *Wenn Sie sich bei einer Veranstaltung einem Grüppchen anschließen, dann hören Sie zunächst zu und bringen sich dann ein, wenn es passt*

• *Wenn Sie einzelne Personen ansprechen, dann funktioniert das am besten mit kontextbezogenen offenen Fragen, wie z.B.*

- Waren Sie schon öfter hier?

- Wie sind Sie auf die Veranstaltung aufmerksam geworden?

- Wie hat Ihnen der Vortrag gefallen?

-Wie gefallen Ihnen die Bilder? Welches der Bilder gefällt Ihnen am besten?

Der Schwenk vom Small Talk zum Business Talk

- *Was machen Sie beruflich?*

- *Für welche Firma arbeiten Sie?*

- *Was genau ist Ihr Aufgabengebiet?*

Zeigen Sie echtes Interesse, hören Sie aktiv zu. Die wichtigsten Bestandteile des Aktiven Zuhörens:

- *Lassen Sie Ihren Gesprächspartner ausreden*

- *Halten Sie Blickkontakt*

- *Lächeln Sie*

- *Durch Nicken und „Soziales Grunzen"(mhm, ja....) motivieren Sie Ihren Gesprächspartner weiter zu erzählen*

Stellen Sie vertiefende Fragen bzw. Verständnisfragen

Diese Art des Zuhörens tut Ihrem Gesprächspartner wirklich gut, er spürt Ihr Interesse, deshalb beschränken Sie es nicht nur auf Ihre beruflichen Kontakte, auch Ihre Liebsten freuen sich darüber.

***

Gesamtgruppe:

Viktoria: »Wie ist es euch mit dem Loben gegangen?«

TA: Am Anfang war es schon eine Überwindung, doch seit ich gemerkt habe, wie sehr sich meine Mitarbeiter, aber auch meine Familie und Freunde darüber freuen, bin ich ein richtiger Lob-Junkie geworden. Jetzt muss ich fast aufpassen, dass ich nicht übertreibe.

TB: Ich habe schon immer gelobt, für mich war neu, das so detailliert zu tun. Ich habe gemerkt, dass das so viel besser ankommt.

Viktoria: »Wir sind jetzt am Ende der ersten 6 Wochen angelangt. Jeder von euch hat seine ersten Themen bearbeitet. Wie hat es euch bisher gefallen? Was hat sich für euch verändert?«

TA: Ich war erstaunt, wie viel in 6 Wochen passieren kann. Ich merke richtig, dass ich viel selbstbewusster und strukturierter in meine Gespräche gehe. Seither hören mir die anderen auch viel mehr zu und 2 meiner Vorschläge wurden beim letzten Meeting von den anderen begeistert aufgegriffen.

TB: Ich gebe zu, ich bin noch immer bei meiner Aufgabe der ersten Woche, da ging es bei mir um Glaubenssätze. Ich wusste gar nicht, wie viele ich davon hatte und jetzt wundert mich vieles nicht mehr, wie es in der Vergangenheit gelaufen ist. Aber allein die Beschäftigung mit diesem Thema hat mir enorm viel gebracht und ich werde jetzt dann nach und nach auch die anderen Themen angehen.

TC: Für mich war das Thema Grenzen setzen das Wichtigste. Mir geht es viel besser, seit ich nicht mehr der „gute Kerl" bin, der alles für alle tut.

TD: Ja, dieses Thema hat mir auch viel Erleichterung gebracht und was mich besonders fasziniert hat, war, was ich mit gleichbleibender Freundlichkeit alles erreichen kann. Früher habe ich oft blitzschnell die Stimmung gewechselt und den anderen so richtig meine Verärgerung spüren lassen. Seit ich das nicht mehr mache, bin ich viel entspannter und mir kommt vor, das überträgt sich auf meine Gesprächspartner.

....

Viktoria: »Da freue ich mich, dass ihr bereits so viel umsetzen und mitnehmen konntet. Die ersten Themen habt ihr jetzt alle durch. Für einige von euch ist jetzt einmal Schluss, ein paar haben sich entschieden gleich weiterzumachen. Für euch geht es weiter und ihr lernt noch mehr, ihr bekommt so wie in den letzten Wochen eure wöchentliche Aufgabe und wir haben regelmäßig unsere Gruppencalls. Zu diesen seid ihr alle herzlich eingeladen bis 1 Jahr, nachdem ihr mit dem Kurs selbst aufgehört habt. Da habt ihr weiterhin die Möglichkeit eure Fragen zu stellen. Von einigen Lerngruppen habe ich auch schon gehört, dass sie ihre Treffen beibehalten wollen. Das finde ich eine gute Idee. Wichtig für euch alle ist, dass ihr jetzt dran bleibt, ihr seid auf einem wirklich guten Weg. Schaut euch eure Entwicklung der letzten 6 Wochen an, bei jedem einzelnen hat sich viel getan und ihr werdet erstaunt sein, was mit regelmäßiger Übung noch möglich ist. Ich wünsche euch allen viel Erfolg weiterhin bei der Umsetzung, viel Freude dabei und bei Fragen, könnt ihr mich gerne kontaktieren. Ich freue mich von euch zu hören.«

Epilog

9 Monate später

Liebe Viktoria,

wir haben es endlich geschafft, wir haben uns „im richtigen Leben" getroffen. Das wollen wir als Anlass nehmen uns bei dir nochmals herzlich zu bedanken, denn ohne dich und deinen Onlinekurs hätten wir uns niemals kennengelernt.

Wir wollen dir schreiben, was sich seit dem Kurs bei dir für uns verändert hat.

Claudia hat das Gefühl, dass, seit es ihr gelingt Ruhe zu bewahren, sie plötzlich keine Reklamationen mehr hat. Sie hat lachend gesagt, dass sie das fast schade findet, weil sie doch jetzt weiß, wie sie damit am besten umgeht. Ganz stolz hat sie auch berichtet, dass sie die letzten 3 größeren Kunden auf Netzwerkveranstaltungen kennengelernt hat. Sie meinte, mittlerweile macht sie sich einen Sport daraus, Menschen überall anzusprechen, nicht einmal beim Einkaufen sind sie vor ihr sicher.

Stefan hat es in den letzten 2 Quartalen jeweils geschafft den Verkaufswettbewerb seiner Firma zu gewinnen. Er hat uns erzählt, dass, seit er den Glaubenssatz hat „Es ist meine Pflicht meinen Kunden etwas zu verkaufen, weil sonst ihr Wunsch/Bedarf nicht erfüllt wird", seine Umsätze steil nach oben gegangen sind. Besonders hat er sich gefreut, als der Geschäftsführer ihn nach seiner letzten Präsentation beim Abteilungsmeeting für seine Präsentation gelobt und gebeten hat im Frühling den Vortrag bei der Fachmesse zu halten.

Max sagt, dass er deutlich merkt, dass die Menschen ihm viel interessierter zuhören, seit er damit begonnen hat Fragen zu stellen und zuzuhören, nach dem Grundsatz „Interesse erzeugen durch Interesse zeigen". Er hat auch das Gefühl, dass ihn die Menschen jetzt auch mehr Sympathie entgegenbringen, seit er an seinem ersten Eindruck gearbeitet hat. Vollkommen begeistert war er von der Wirkung des Elevator Pitch. Er hat erzählt, dass er noch nie erlebt hat, dass ein Gesprächspartner nicht mehr wissen wollte, sobald er ihn gehört hat.

Ja und bei mir, was soll ich sagen, ich habe das Führungskräfte-Programm absolviert und bin endlich befördert worden. Mir sind die Tränen vor Glück gekommen. Ich führe jetzt ein Team mit 5 Mitarbeitern und es macht so viel Spaß. Und das Nein-Sagen habe ich mittlerweile so gut drauf, dass ich auch meiner Mutter Bitten abschlagen kann, wenn es mir zu viel wird, auch wenn sie Geschütze auffährt wie: „Nie kann ich mit dir rechnen, ich bin immer da für dich, doch wenn ich einmal etwas brauche …"

Deshalb Viktoria ein riesengroßes Dankeschön von uns allen, wir hoffen, es geht dir gut und wir hören wieder einmal etwas von dir. Ach ja, die Freundlichkeit und Sonnenschein ins Leben anderer zu bringen haben wir alle beibehalten, weil wir so gute Erfahrungen damit gemacht haben.

Wir drücken dich ganz fest, alles Liebe

Sabine, Claudia, Stefan & Max

Die Abschluss-Statements unserer 4:

Sabine: Für mich war der Onlinekurs ein voller Erfolg, ich habe sowohl meine Gehaltserhöhung als auch meine Beförderung erhalten. Insgesamt habe ich das Gefühl, dass ich selbstbewusster auftrete. Das „Nein"-Sagen gelingt mir immer öfter und ich bin jedes Mal sehr stolz auf mich und freue mich über die gewonnene Zeit.

Claudia: Ich habe begonnen regelmäßig Sport zu betreiben, vor allem Schwimmen und Laufen. Seither gelingt es mir viel leichter die Dinge entspannter zu sehen. Meine Mitarbeiter haben schon ein paar Mal gesagt, dass ich so ausgeglichen wirke.

Ich bin noch immer kein Party-Löwe, doch auch vom Mauerblümchendasein auf Netzwerkveranstaltungen habe ich mich gelöst. Ich komme gut mit anderen ins Gespräch und ich konnte schon ein paar Kunden gewinnen.

Stefan: Seit ich meine Präsentationen und vor allem meine Einstellung dazu geändert habe, sind meine Kollegen aktiv dabei, wir haben gute Diskussionen und sind viel ergebnisorientierter als früher. In letzter Zeit kommen auch keine destruktiven Einwürfe mehr. Da geht es mir wie Claudia bei den Reklamationen, so wie sie finde ich es fast schade, denn seit ich weiß, wie ich diese Situationen löse, macht mir die Herausforderung Spaß. Das Loben habe ich beibehalten und ich merke, wie gut es mir tut, wenn ich anderen eine Freude machen kann.

Max: Ich bin mittlerweile ein gefragter Zuhörer. Ich wusste gar nicht, dass Verkaufen so einfach sein kann, wenn ich meinen Kunden ein paar gezielte Fragen stelle und dann nur noch zuhöre. Teilweise verkaufen sich meine Produkte selbst. Ich habe auch den Eindruck, seit ich mehr auf den ersten Eindruck achte, den ich hinterlassen will, gelingt es mir viel schneller ein gutes Gesprächsklima aufzubauen.

Liebe Leserin, lieber Leser jetzt heißt's auch für Sie dranbleiben

Schön, dass Sie unsere 4 Helden bis hier begleitet haben, jetzt geht es um Ihre persönliche Weiterentwicklung.

Nehmen Sie sich Zeit, ein Blatt Papier und beantworten Sie folgende Fragen:

• Was waren die für Sie wichtigsten Themen in diesem Buch?

• Was sind Ihre „Hauptthemen", wenn es um erfolgreiche Kommunikation geht?

• Was nehmen Sie sich konkret vor? Was machen Sie ab heute anders?

• Wie wollen Sie das umsetzen? Und bis wann?

Nächste Schritte für Sie können sein:

• Schreiben Sie sich Ihre Ziele genau auf, was wollen Sie bis wann konkret erreicht haben.

• Lesen Sie gezielt Ihre Hauptthemen durch und machen Sie die Übungen dazu.

• Schreiben Sie für sich Ihre Fortschritte auf und natürlich freue ich mich, wenn Sie mich ebenfalls darüber informieren.

Besuchen Sie mich auf meiner Homepage: www.birgitgatter.com, dort finden Sie wöchentlich Artikel rund um das Thema Kommunikation und Sie erhalten ein Geschenk, einen kostenlosen 3-teiligen Video-Kommunikationskurs und natürlich auch die Informationen zum Kurs „Kommunikation à la carte".

Ich freue mich auf Ihre Rückmeldungen und Erfolgsberichte, am besten per Mail: kontakt@birgitgatter.com

Alles Liebe

Birgit Gatter

Buchempfehlungen

Wenn die Giraffe mit dem Wolf tanzt, Serena Rust
Gewaltfreie Kommunikation sehr kompakt mit ansprechenden Illustrationen

Schnelligkeit durch Vertrauen, Stephen M.R. Covey
Der Titel ist Programm oder das Leben könnte so einfach sein

Das Love Story Prinzip ,Daniel Zanetti
Ein Buch voller Ideen, um seine Kunden an sich zu binden

Erste Hilfe für deine High Performance, Pimp your Brain, Chris Pape und Tom Oberbichler
Enthält viele wunderbare Tipps für mehr Gelassenheit im Leben

Argumentieren unter Stress, Albert Thiele
Beschreibt sehr gut, weshalb Stress einer der größten Gegner von guten Gesprächsergebnissen ist

Souverän freie Reden halten, Oliver Geisselhart
Gute Tipps vom Gedächtniskünstler

Über die Autorin

Birgit Gatter ist Botschafterin für eine charmante und unwiderstehliche Kommunikation und unterstützt erfolgreiche Menschen, ihre ganz persönliche Art der Kommunikation zu finden, damit sie ihre Ziele schneller und mit mehr Freude und Leichtigkeit erreichen.

Dabei geht es um Themen wie:

Andere für Ideen und Vorschläge begeistern

Souverän und selbstsicher präsentieren

Charmant klare Grenzen aufzeigen

Auch schwierige Gesprächssituationen und Konflikte mit Ruhe und Souveränität meistern

Die eigene Meinung klar strukturiert und sympathisch vertreten

Seit über 20 Jahren betreut sie Kunden im Bereich Kommunikation.

Nach ihrem Studium der Betriebswirtschaftslehre hat sie sich mit einer Telefonmarketingfirma selbständig gemacht. Bereits 2 Jahre später hat sie parallel begonnen Trainings für Firmenkunden zu halten. Seit September 2014 bietet sie Onlinekurse und Coachings an.

Eveline Dröge

Eveline Dröge ist Life & Business Coach mit dem Motto „Motivation durch Intuition" mit Ausbildungen in systemischem Coaching, Motivationsanalyse mit Reiss Profile, Wingwave, Lesen im morphischen Feld u. a.

Als Coach und Trainerin unterstützt sie Menschen dabei, herauszufinden, wo ihre Potenziale liegen und geht mit ihnen den Weg dahin. Sie integriert in ihrer Arbeit die Intuition als Wegweiser, um Entscheidungen mit Herz und Verstand zu treffen.

Ihre Schwerpunkte liegen im „Intuitions-Training", beim Entdecken der „WOW-Frau" und des „Business-WOW". Sehen Sie mehr dazu auf ihrer Homepage:

www.eveline-droege.de

Haftungsausschluss und Copyright